AF545564

Yetişkinler İçin Temel Dinî Bilgiler
AHLAK

Yetişkinler İçin
Temel Dinî Bilgiler

AHLAK

PLURAL
Köln 2025

Yetişkin Eğitim Serisi

PLURAL Publications GmbH
Colonia-Allee 3 | D-51067 Köln
T +49 221 942240-260 | F +49 221 942240-201
www.pluralverlag.eu | info@pluralverlag.eu

5. Baskı, Köln, Haziran 2025

Yazar
Dr. Abdullah Akın

Tasarım | Dizgi | Baskı
PLURAL Publications GmbH

ISBN: 978-3-947179-70-1

İçindekiler

Önsöz

"Ya öğreten ol, ya öğrenen ol, ya dinleyen ol, ya da ilmi destekleyen ol. Beşincisi olma, helak olursun!" (Dârimî, Mukaddime, 26)

İlmi kendisinin yitik malı olarak gören herkesin hayat boyu öğrenme ve öğretme faaliyeti içerisinde olması kaçınılmazdır. Nihayetinde kazananlardan olmak ilim öğrenip öğretmekle, ilim meclislerine devam etmekle, ilmi ve âlimi sevmekle mümkündür.

Müslüman'ın beşikten mezara kadar süren hayatının tamamı iman ve cihaddır. Hayatın asıl gayesi doğru bir inançla istikamet sahibi olarak yaşamak ve yüce Allah'ın rızasını elde etmek için gayret göstermektir. Elinizdeki bu çalışma işte bu temel ilkeler gözetilerek oluşturulmuştur.

İslam'da ahlak ve maneviyat kişisel bakımdan önem taşıdığı gibi, toplumların geleceği bakımından da büyük önem taşımaktadır. Her türlü manevi, insani ve medeni değeri el üstünde tutan bir toplum ideal bir toplumdur. Ahlaki değerler ile donanmış insanlar kültürel değişimin zorunlu kıldığı şiddete göğüs germede, zorlukları ortadan kaldırmada daha başarılıdırlar.

Ahlaki sorunları ortadan kaldırabilmek için, öncelikle insanların gönül dünyalarını sevgi ile yoğurarak onları ahlaki erdemlere ulaştırmamız gerekmektedir. Çünkü ahlak ve maneviyat bilincine ulaşan insan, toplum değerleriyle çatışmaz, kendine güvenir, inandığı gibi yaşayan bir kişilik sahibi olur.

Umulur ki bu şekilde, insanlarımızı ahlaklı davranışlarıyla herkesi imrendiren, İslam'ı seven ve insanlara sevdirmeye çalışan birer Müslüman hâline getirebiliriz. Çalışmamızın da bu yöndeki çabalara bir katkı sağlamasını yüce Mevlamızdan niyaz ediyoruz.

Kitapların muhtevasının belirlenmesinden tashihine, redaksiyon ve basımına kadar emeği geçen herkese şükranlarımızı sunuyoruz. Yazarlarımıza ise hassaten teşekkür ediyoruz. Çalışmanın geliştirilmesi adına, dikkatli okurlarımızın yapacakları her türlü tespit, tenkit ve tekliflerden memnuniyet duyarız.

Gayret bizden, tevfik Allah'tandır.

Giriş

Dinimiz İslam, hayatın her alanında; düşünce, sanat, örf, âdet vb. bütün kültürel ve manevi yaşayışın en temel değerlerini oluşturmuştur. Allah insanı en güzel biçimde yaratmış, dünya hayatını ona bir lütuf olarak bağışlamıştır. Ancak insanoğlu bu dünya hayatında bir yolcu gibidir. Bu yolculuk, anne rahmine düşmekle başlar, çeşitli duraklarda konaklamalarla devam eder ve insanın ebedî hayattaki nihai yurduna yerleşmesiyle sona erer.

Bu yolculuğun en önemli ve en etkili dönemi gençlik yıllarıdır. Çünkü gençlik, insan vücudunun en enerjik, en aktif, en saf duygularla yüklü, en idealist ve dolayısıyla en verimli yıllarıdır. İleriki yıllarda yaşamını kolaylaştıracak, kendisine ve ailesine olduğu kadar çevresine, yaşadığı topluma ve tüm insanlığa faydalı olabilecek ahlaki değerlerin kazanılması ise özellikle çocukluk döneminde alınan eğitim ve terbiyeye bağlıdır.

Bu nedenle İslam toplumu olarak ahlak ve maneviyatın olumlu katkılarını hayatının her alanında görmek, ruh ve beden sağlığı yerinde, ailesine, yaşadığı topluma iyilikler yapan bir nesil yetişmesini istiyorsak dinimizi doğru ve yeterli olarak öğretmek zorundayız.

Böylece karşılaşacağımız her türlü meselenin çözümünde, dinimizin manevi gücünden faydalanabiliriz. Yeter ki dinin esaslarına uygun eğitim metotlarını bilerek uygun bir din eğitimi ve öğretimi yaptırabilelim.

Ahlakın Tanımı

Ahlak, "hulk" kelimesinin çoğuludur. "Hulk"; din, tabiat, huy, karakter, seciye, hâl ve hareket anlamlarına gelir. İnsanın bu fiziki yapısı için "halk", manevi yapısı için "hulk" kelimesi kullanılmıştır.

Ahmet Hamdi Akseki, ahlakı şöyle tarif eder: "Hulk ve ahlak denilen şey; ruha mahsus bir heyet ve şekilden, ruhta yerleşmiş bir melekeden ibarettir ki, o heyet ve meleke sebebiyle insandan iyilik veya kötülük kolayca, düşünmeden ve yorulmadan çıkıverir."

Kınalızâde'ye göre ise ahlak; "Ruhlara ait hastalıkların çarelerini gösteren doktorluk ilmidir. Tıp ilmi ile bedenin sıhhatini korumak ve hastalığını gidererek sıhhatini iade etmek mümkün olduğu gibi, ahlak ilmi ile de ruhun sıhhati korunur."

İslam ahlakını "Allah'ın emirlerine saygı ve yarattıklarına şefkat" şeklinde iki önemli ilke ile de tanımlayabiliriz. Bu tanım, gerek bireysel ahlakın gerek sosyal ahlakın bütün ayrıntılarını içine alacak ve her türlü ahlaki davranışı anlatacak genelliktedir. Bu tanımın aslını Kur'ân-ı Kerîm'de, *"Rabbimiz Allah'tır deyip sonra dosdoğru hareket edenler..."* (Fussilet suresi, 41:30; Ahkâf suresi, 46:13) mealindeki âyet-i kerîmelerde ve "İslam'ı bana öylesine anlat ki, bir daha başkasına sorma ihtiyacını duymayayım!" diyen sahâbîye sevgili Peygamberimizin *"Rabbim Allah'tır de, sonra dosdoğru ol!"* (Müslim, İman, 62) diye verdiği cevapta buluyoruz.

Allah'ın emirlerine saygı, bireysel davranışlarımızın düzenleyici ilkesi ve ahlakımızın ölçüsüdür. Bütün erdemlerin kaynağı da Allah'a saygıdır. Hikmet, şecaat, iffet, ad*a*let, cömertlik, alçak gönüllülük ve sabır gibi bütün güzel huylar ve erdemler teker teker incelendiği zaman, tümünün Allah'ın emirlerine saygıya dayandıkları görülecektir. Buna göre Müslüman, Allah'a ve Onun emir ve iradesine saygılıdır: Başına geleni de eline geçini de Ondan bilir ve hayatı bütünüyle anlayışla karşılar. Böylece her işte Allah'ın bir hikmeti bulunduğunu düşünür; onu görmeye çalışarak:

"Deme niçin bu böyle
Yerincedir ol öyle
Sabret sonun seyreyle
Görelim Mevla neyler
Neylerse güzel eyler."

anlayışı ile zihnî açıdan peşinen rahatlar. Bu nedenle büyüklerimiz "Her türlü hayrın başı Allah korkusudur." demişlerdir.

Mehmet Akif Ersoy da ahlaki değerleri ancak Allah'ın emirlerine saygının (korkunun) oluşturabileceğini şu dizeleriyle ifade etmektedir:

"Ne irfandır veren ahlaka yükseklik, ne vicdandır;

Fazilet hissi insanlarda Allah korkusundandır,

Yüreklerden çekilmiş farz edilsin havfı Yezdân'ın,

Ne irfanın kalır tesiri, katiyyen ne vicdanın."

İslam ahlakının ikinci ilkesi yaratılmışlara şefkat (sevecenlik), aile ahlakından sosyal ahlaka, iş ve ticaret ahlakına kadar her türlü beşerî ilişkileri, hatta hayvanlar ve doğal çevreye karşı gösterilecek davranışları kapsar. Çünkü her şeyi yüce Allah yaratmıştır.

Hiçbir varlığa bilerek zarar vermemekten, başkalarını kendisine tercih etme (îsâr) davranışına kadar her türlü güzel ve ahlaki eylemin temelinde imana dayalı engin bir şefkat duygusunun bulunduğu açıktır. Merhamet ve şefkatten yeterince nasibini alamamış insanların bencillikten, cimrilikten, kendi zevk ve çıkarlarından başka bir şey düşünmedikleri bilinmektedir. Bunun en çarpıcı kanıtı, dünyamızın açlar-toklar tablosu, ülkeler ya da kıtalar arası sosyal dengesizlik görüntüleridir.

Ahlaki Eğitim

Doğan her çocuk bir aile ortamında gözlerini açarken saf, temiz ve berrak bir yaratılışa sahiptir. Çocuk, hayatı fark edip, düşünme ve karar verme yeteneğini kazanıncaya kadar onun karakteri, inancı ve ahlaki özellikleri kendi iradesi dışında ailesi tarafından şekillendirilir. Ona şekil verenler için bu çok ciddi bir sorumluluktur. İşte bu sorumluluğun ideal bir şekilde yerine getirilmesi bir ahlaki eğitim sorunudur.

Peygamberimiz (s.a.v.) bu gerçeğe işaret ettiği bir hadisinde: *"Her insanı annesi 'fıtrat' üzere dünyaya getirir. Bundan sonra ebeveyni onu Yahudi, Hristiyan veya Mecusi yapar. Eğer anne babası Müslüman ise, çocuk da Müslüman olur."* (Buhârî, Cenâiz, 79, 80, 93) buyurarak insanın yetişmesinde aile ve çevre faktörünün önemini belirtmiştir.

Buna göre insanın ahlaki hayatını yönlendiren ve onu etkileyen unsurları sıralarsak, bunlar; anne, baba, kardeş, nine ve dede, yakın ve uzak akraba, arkadaş, komşu, okul, eğitim, radyo, televizyon, internet, teknolojik buluşlar, gazete ve kitaplardır... Bir başka ifadeyle bunlar, insanın çevresidir, yani etkilenme nedenleridir.

Yani bir insan ailesi ile yaşamaya, bir ana-baba, çocuğunu sevmeye başladığı andan itibaren ahlaki terbiye de başlamıştır. İşte bu hâl, gelen her yeni nesil için anne, baba, eğitimci ve idarecilere büyük sorumluluklar yüklemektedir. İnsanın çevresinde bulunanlarla insan terbiyesinden sorumlu olanlara düşen, insanın tabiat ve eğilimlerini tanıyıp, ondan olumsuz tesirlerin etkisini kaldırmak ve onu iyiliğe yöneltmektir. Kısaca dağ bağ olmadan, testi kırılmadan, Basra harap olmadan, Bor'un pazarı geçmeden, semerlerin ve dizlerin dövülmesine sıra gelmeden önce tedbir almak gerekir.

Ahlaki terbiyeyi Hz. Peygamber (s.a.v.)'in görevi düzeyinde ele aldığımızda, "tebliğ ve irşat" manasına gelir ki, terbiyenin içine talim de girmiş olur. Aynı zamanda, Hz. Peygamber (s.a.v.)'in *"Ben, güzel ahlakı tamamlamak için gönderildim."* (İmam Mâlik, Muvatta, Hüsnü'l-Huluk, Bab 1) hadisinin terbiyenin, güzel ahlak sahibi olmanın ve fazilete ermenin yolu olduğunu da göstermektedir. Bu yönüyle bakıldığı zaman; insan istediği kadar ilim öğrensin eğer kişide edep (terbiye) yoksa hiç kimseye hatta kendisine dahi faydası yoktur.

Çünkü ahlak terbiyesinin amacı, İslam esaslarına uygun olarak insan fikrinin gelişmesi, davranış ve duygularının tanzimi, fikir ve düşüncede, söz ve fiilde, usul ve nizamda doğru yolu gösterme, dünya ve ahirette mesut olacak iyi insan yetiştirme sanatıdır. Zaten şu atasözü bunu gayet açık anlatıyor. "Bir gram ilim, bir ton edep gerektirir."

Bir Kıssa Bin Hisse: İnsan Olun Yavrularım

Ana karıncayla baba karınca, yavru karıncaları çevrelerine toplamış, onlara karıncalık dersi veriyorlardı. Baba karınca, dersinin sonunu şöyle bitirdi: "Yavrularım! Hayatta karınca olmaya çalışın! Hiçbir zaman karıncalıktan ayrılmayın."

Yavrular, "Nasıl karınca olalım? Karıncalığın yolları nelerdir?" diye sordular.

Baba karınca, "Kendinize bizi örnek alın." dedi. "Biz ne yapıyorsak, sizler de onu yapın!" Yavru karıncalar, baba karıncayla ana karıncaya baktılar. Onlar ne yapıyorlarsa öyle yaptılar. Yazdan yiyeceklerini toplayıp toprak altına yığdılar. Kışın uyudular. Zamanı gelince yumurtladılar.

Baba karıncayla ana karınca, çocuklarını yine çevrelerine topladılar. Baba karınca onlara, "Yavrularım!" dedi. "Ben artık ölüyorum. Hepinizden memnunum. Hepiniz karınca oldunuz. Hiçbiriniz karıncalıktan ayrılmadınız. Hakkım helal olsun. Allah sizden razı olsun."

* * *

Sığır, manda, hamsi, balina, deve, fil, yılan, koyun, yeryüzünde ne kadar baba hayvan ve ana hayvan varsa, yavrularına kendileri gibi olmaları, bunun için de kendileri ne yapıyorlarsa öyle yapmalarını söylediler.

Yavru hayvanlar da baba hayvanla ana hayvana bakıp onların yolundan gittiler, sonunda iyi birer hayvan oldular. Baba hayvanla ana hayvan da ölürken, yavrularına memnunluklarını söylediler, haklarını helal ettiler.

* * *

Baba insanla ana insan, çocuklarını çevrelerine toplamışlar, onlara insanlık dersi veriyorlardı. Baba insan, dersinin sonunu şöyle bitirdi: "Yavrularım! Hayatta insan olmaya çalışın, hiçbir zaman insanlıktan ayrılmayın."

Çocuklar, "Ne yapalım da insan olalım? İnsanlığın, insan olmanın yolları nelerdir?" diye sordular.

Baba insan, "Çok kolay." dedi. "Kendinize bizi örnek alın. Anneniz ve ben ne yapıyorsak, siz de öyle yapın!" Çocuklar, baba insanla ana insana baktılar, onlar ne yapıyorlarsa öyle yaptılar. Hepsi de tıpkı babalarına benzediler.

Baba insanla ana insan çocuklarını yine çevrelerine topladılar. Baba insan onlara, "Yazıklar olsun!" diye bağırdı. "Hiçbiriniz bizim istediğimiz gibi yetişmediniz. Hiçbiriniz insan olmadınız. Hepiniz de insanlıktan uzaksınız. İnsanlıktan ayrıldınız. Artık ölüyoruz. Yazık oldu emeklerimize, boşa gitti. Bütün hakkımız haram olsun, Allah hepinizi kahretsin."

Çocuklar şaşırdılar, "Peki, ama bize neden beddua ediyorsunuz?" dediler. "Biz yanlış bir şey mi yaptık yoksa? Size baktık, sizi örnek aldık. Siz ne yaptınızsa, biz de onu yaptık..."

Ahlaki Eğitimde Davet Metodu (Hikmet / Bilgelik)

Biz, farkını bilgi ile ortaya koyan ama bunu, bilginin malzemesinde veya türünde değil bizzat onun ahlak ve sorumluluk niteliklerinde arayan, hatta bilgiyi ahlak ve hikmetle özdeşleştiren bir medeniyetin mensuplarıyız. Bu nedenle İslam bilginleri, bir davet metodu olarak hikmetin, toplumun bazı kesimleri için özellikle uygun olduğunu ifade etmişlerdir. Bu kesimlerin, kısaca, sağlıklı düşünen, zeki, hemen kabullenen, hakka karşı inat etmeyen, etraflıca düşünen kişiler olduğu ifade edilmiştir. Gençlerin de genel olarak bu özelliklere sahip oldukları söylenebilir. Allah Teâlâ bu davet metodunu şöyle açıklamaktadır: *"Rabbin'in yoluna hikmetle ve güzel öğütle davet et, onlarla en güzel şekilde tartış."* (Nahl suresi, 16:125)

Âyet-i kerîmeye konumuz açısından bakıldığında davet; insanların öğrenme ve ikna olma ihtiyacına karşılık yürütülen bir görevidir. Çünkü davet görevi, insanları dinî doğrulara ikna etmeyi, o doğrular istikametinde insanların tutum ve davranışlar geliştirmelerini sağlamayı hedef aldığı için özel beceri isteyen bir iştir.

Ayette geçen "hikmet" ustalıklı ve anlamlı söz söyleme; "güzel öğüt" iletişim ve enformasyon tekniklerini kullanma; "en güzel şekilde tartışma" ise çekişmeye ve söz dalaşına varmayan, gerçeği aramayı, ona ulaşmayı sağlayan bir tartışma yöntemini ifade etmektedir.

Bu anlamda din ve en ahlak eğitiminin en önemli amaçlarından biri de, bütün dinî geleneklerde önemli bir yer tutan hikmetin geliştirilmesi olmalıdır. Çünkü hikmet (bilgelik), bilme ve doğru olan şeyi yapma eylemi olarak üstün bir değer durumudur.

Bir Kıssa Bin Hisse: Ölümsüzlük Ağacı

Bilginin biri şaka yollu, "Hindistan'da bir ağaç vardır. Meyvesini yiyen ne ihtiyarlar, ne ölür." der. Bir padişah bunu duyunca bu ağaca ve meyvesine âşık olur. Güvenilir bir adamını o ağacın meyvesini getirmesi için Hindistan'a yollar. Adam ağacı bulmak için Hindistan'ın her tarafını gezer, dolaşır. Meyveyi bulmak için şehir şehir gezer, dağları, ovaları, çölleri dolaşır, ama nafile!

Yıllarca arar durur. Padişah ona sürekli mal ve para gönderir, yeter ki istediği bulunsun. Fakat aramalardan bir sonuç çıkmayınca adam sıkılır ve yorulmuş bir vaziyette geri dönmeye karar verir.

Dönüş yolunda şöhretini duyduğu bir şeyh vardır. Adam son bir umutla, gözleri yaşlı bir vaziyette bu şeyhin huzuruna çıkar. Şeyh adama derdini sorar. Adam:

"Efendim, padişahım beni eşi zor bulunur bir ağacı bulmak için gönderdi. Ağacın meyvesi ölümsüzlük veriyormuş, yıllardır aradım, ama bulamadım." deyince şeyh:

"A saf adam, o senin aradığın bilgi ağacıdır." der, "Bilen kişinin bilgisi insana ölümsüzlük verir. Git padişahına söyle, bilgiye sarılsın!"

Bilgi ağaç gibidir, hatta güneşe de benzer.

Denize, buluta benzer... İsme değil, sıfata bakmak; görünüşe değil, öze bakmak gerekir.

Ahlaki Eğitimde İrade ve Hırs

Birçok farklı davranışlarımız vardır. Bazılarını isteyerek bilerek yaptığımız hâlde bazı hareketleri de istemeden bilmeden yaparız. Mesela öfkelendiğimiz zaman farkında olmadan bazı olumsuz hareketlerde bulunur, "Ne yapayım hırsımı yenemedim, kendime hâkim olamadım." gibi sözler söyleriz. İşte Resûlullah'ın kendisinden birkaç defa üst üste öğüt isteyen kişiye her defasında *"Kızma!"* demesi ve *"Yiğit dediğin, güreşte rakibini yenen kimse değildir; asıl yiğit kızdığı zaman öfkesini yenen adamdır."* (Buhârî, Edeb, 76) buyurması ahlaki eğitimde hırsımızı yenmenin önemini göstermektedir.

Şu misal de hırsın çirkinliğini gösterir: Kurdun birisi ağzına bir kemik alır. Giderken durgun bir suya rastlar. Suda kendisini ve ağzındaki kemiğin yansımasını görür. Onu da kapayım diye hırs yapınca ağzındaki parçadan da mahrum kalır.

Hareket ve davranışlarımızın bu şekilde olmasından anlıyoruz ki, şöyle veya böyle hareket edip davranmamızda üç önemli itici güç vardır:

a) Alışkanlık

b) Hırs

c) İrade

Ahlaki eğitimde bu itici güçleri hesaba katarak çalışmak, onlardan yararlanmak durumundayız. Bu güçleri kısaca şöyle açıklayabiliriz:

Alışkanlık, bir hareketin sık sık tekrarlanmasından meydana geldiği için, ahlaklı davranışta asıl itici güç değildir. Çünkü alışkanlık ile yaptığımız hareketler, ilk yapıldığında irade ve hırs ile yapılan hareketlerdir. Bu hareketleri tekrar tekar yapmakla âdet hâline getirmişizdir. Öyle ki, artık her seferinde irade veya hırsın tesirinde kalmadan da o hareketleri yapar hâle geliriz. Bu sebeple asıl itici güçler irade ve hırstır.

Bazen irade ve hırs olmadan da bazı hareketler yaparız. Mesela elimiz kızgın bir şeye değince hemen çekeriz. Bu ve benzeri hareketleri hiç düşünmeden, ister istemez yaparız. Bebeklikten itibaren yapılan bu kendiliğinden hareketlere içgüdü denir. İçgüdünün sebebi doğal bir iç güçtür.

İrade ise insanın hareket ve davranışlarını kontrol etme gücüdür. İrade ile yaptığımız hareketler, içgüdü ile yaptıklarımızdan farklıdır. Onları ister istemez değil, isteyerek yaparız.

İşte ahlak eğitimi, insanların bu farklı karakterlerine uygun bir şekilde yön vererek güzel huylu bir insan olmaları için çalışmaktır.

Bir Kıssa Bin Hisse: Kuşun Verdiği Ders

Hikâye edildiğine göre adamın biri bir tarla kuşu avladı. Kuş dile gelerek:

- Bana ne yapmak istiyorsun? diye sordu. O da:

- Seni boğazlayıp yiyeceğim, dedi. Kuş:

- Allah'a yemin ederim ki, benim ne kemirilecek kemiğim, ne de seni açlıktan doyuracak etim var. Ancak sana üç şey öğreteyim, onlar beni yemekten daha iyidir: Birincisini sana elinde iken öğreteceğim, ikincisini, ağaca konduğum zaman, üçüncüsünü de dağa çıktığım zaman. Adam da:

- Peki, birincisini söyle bakalım, dedi. Kuş:

- Elden kaçırdığına üzülme, dedi. Adam da onu bıraktı. Ağaca konunca, adam:

- Şimdi de ikincisini söyle bakalım, dedi. Kuş:

- Olmayacak şeye inanma, dedi. Sonra uçup dağa gitti ve:

- Ey bedbaht, eğer beni kesse idin kursağımda iki inci bulurdun ki her biri yirmişer miskal ağırlığındadır, dedi.

Adam dudaklarını ısırdı ve "Üçüncüsünü söyle!" dedi.

O da:

- Sen ikisini de unuttun, sana üçüncüsünü nasıl haber vereyim? Sana, "Elinden kaçana üzülme!" demedim mi? "Olmayacak şeye inanma." demedim mi? Benim etim, kanım ve tüyüm yirmi miskal gelmez, benim kursağımda her biri yirmi miskal gelen iki inci nasıl olur? dedi, sonra da uçup gitti.

Bu kıssa, insanoğlunun aşırı hırsına bir misaldir. Çünkü hırs onu gerçeği anlamaktan kör eder, o da olmayacak şeyi olur sanır.

Kişisel Eğilimler ve Ahlaki Eğitim

Kişilik kavramının önceki karşılığı "şahsiyet"tir. Şahsiyet ve kişilik kelimeleri dilimizde hâlen eş anlamlı olarak kullanılmaktadırlar. Kişilik, bir insanı başkalarından ayıran özelliklere verilen addır. İnsanı başkalarından ayıran özellikler ise bedenî, zihnî, ruhi kısaca her yönden ayrılığı ifade eder. Dolayısıyla kişilik veya şahsiyet, insanın, kendi kendisinin farkında olması ve kendi hareketlerini idare etmesidir.

Kişiliğin çok yönlü özelliklerinden ahlaki yönüne "karakter" denir. Karakter, bir ferdi veya fertler zümresini başkalarından ayıran, alışkanlık hâline gelmiş hareket ve tepki tarzlarının bütünüdür. Mesela dürüstlük, fedakârlık, cimrilik, hasetlik, diğerkâmlık vs. karakter örnekleridir. Bunlar aynı zamanda, ahlaki davranışlarımızın birer göstergesidir.

Huy ve mizaç ise, kişiliğin daha ziyade duygu ve heyecan yönünü ifade ederler. Mesela çabuk kızmak, hareketli veya durgun olmak, inatçılık vb. durumlar, insanların kişiliklerine göre tezahür eden mizaç özellikleri veya huylarıdır.

Huy ve mizaç, karakterden farklıdır. Çünkü "karaktersiz insan" denildiği zaman, "ahlaksız insan" akla gelir. Ama "huysuz insan" denildiğinde ise, daha ziyade "geçimsiz insan" hatırlanır.

Kur'an'da, *"De ki; herkes yaratılışına göre davranır. Rabbiniz kimin en doğru yolda olduğunu bilir."* (İsrâ suresi, 17:84) buyurulmaktadır. Buna göre eğer insanın nefsi kötü olursa ondan kötü hareket ve davranışlar, iyi olursa ondan da iyi işler ortaya çıkar. Demek ki insanlar bireysel özelliklerine uygun davranırlar.

Bu özellikler; çocuklarda ve gençlerde hayatın merkezinde olabilmek, kendisini her şeyden üstün ve önde görmek eğilimi olarak ortaya çıkar. Bu eğilim zamanla şiddetli duruma gelebilir. O zaman kendisinden başka hiç kimseyi düşünmez hâle gelirler.

Bu nedenle gençliğin ilk yarısı genel olarak olumsuzluk çağı diye adlandırılır. Bu çağdaki bireylerde asi olma, otoriteye karşı gelme, sorumsuz davranma, büyüme, gelişme, kuvvetlenme arzusu görülebilir. Başına buyruk olma, alınganlık ve karamsarlık da gençliğin ilk yarısında görülen tipik tutumlardır.

Gençliğin ikinci yarısında bağımsız olma, bağımsız davranabilme arzusu, tanınma, saygı görme, başarılı olma isteği ön plandadır. Genç artık dikkatini kendi bedeninden çok dış dünyaya yoğunlaştırmıştır. İnsanların geri kalmışlığı, yoksulluk, ülkenin gelişmesi ve refaha ulaşmasının yolları ve benzeri konularda ilgi duyar. Yetişkinlerin yaptıklarını eleştirme sıklıkla görülür.

14-20 yaş arası genellikle gençlerin kimliklerini oluşturma dönemidir. Genç bu dönemde bir dinî ahlaki değerler sistemini benimsemek ve kendine has uygun bir hayat felsefesi geliştirmek ihtiyacındadır. Gençlerin bu hususta yardıma ihtiyacı vardır. Bir arayış içindedirler, öğrenmek ve hayatın gerçeklerini yakalamak isterken farklı çevrelerin propagandasına kanabilirler.

Özellikle aileler, aşırı otorite, ilgisizlik ve sevgi eksikliği gibi sebeplerle "değersiz" oldukları yönünde kimlik geliştirmelerine sebep oldukları çocuklarına, zararlı maddeler veya kötü yönelişler hakkında öğüt verdiklerinde başarısız kalabilmektedirler. Çünkü "Ben zaten bir hiçim, yokum, öyleyse kaybedecek bir şeyim de yoktur." mantığından hareketle, söylenenlere itibar etmemektedirler.

Diğer taraftan, aileden kaçıp sığındığı arkadaş grubu üyeleri, iradesi zayıf ve kendine güveni olmayan çocuklara sigara veya diğer uyuşturucuların kullanıldığında insanı güçlü ve yetişkin yaptığını söylemektedirler. Bu fikir, çocukların ailelerini dinlememelerine sebep olabilmektedir.

Bir Kıssa Bin Hisse: Kişilik

Sınıf, öğrencilerin gürültü patırtısıyla sallanırken sert görünümlü hoca kapıda beliriyor. Sınıfa bir bakış atıp kürsüye geçiyor.

Tebeşirle tahtaya kocaman bir (1) rakamı çiziyor.

"Bakın!" diyor.

"Bu, kişiliktir. Hayatta sahip olabileceğiniz en değerli şey..."

Sonra (1)'in yanına bir (0) koyuyor:

"Bu, başarıdır. Başarılı bir kişilik (1)'i (10) yapar."

Bir (0) daha...

Bu, tecrübedir. (10) iken (100) olursunuz."

Sıfırlar böyle uzayıp gidiyor:

Yetenek... disiplin... sevgi...

Eklenen her (0)'ın kişiliği 10 kat zenginleştirdiğini anlatıyor hoca... Sonra eline silgiyi alıp en baştaki (1)'i siliyor. Geriye bir sürü sıfır kalıyor. Ve Hoca şu yorumu yapıyor:

"Kişiliğiniz yoksa öbürleri hiçtir."

Sosyal Eğilimler ve Ahlaki Eğitim

Sosyal eğilimler, alışılmış olan eğilimler dışında gösterilen eğilimlerdir. Başkalarının duygu ve heyecanlarından etkilenildiği gibi başkalarının da kendi duygu ve heyecanlarından etkilenmelerini isteme eğilimidir. Mesela bir insan üzüntü duyduğu bir olayı başka biriyle paylaştığında teselli bulur ve acıları biraz olsun hafifler. Bu durum mutlu olunan durumlar için de geçerlidir. Sevinci başkalarıyla paylaşmak da insanın sevincinin bir kat daha artmasına neden olur.

İnsanın sosyal çevresi kişiliği, hayat anlayışı ve inancı hakkında çok net bilgiler verir. Bu yüzden Peygamberimiz (s.a.v.): *"Kişi sevdiğiyle beraberdir"* (Buhârî, Edeb, 96) *"Kişi dostunun dini üzeredir. Öyleyse her biriniz, kiminle dostluk kuracağına dikkat etsin."* (Ebû Dâvûd, Edeb, 19) buyurarak, nitelikli ve saygın müminlerle arkadaşlık etmemizi tavsiye etmiştir. Çünkü iyi, güzel arkadaşın durumu, çevresine güzel koku yayan kişi gibidir.

Peygamber Efendimiz, arkadaşlık kurduğumuz kişilerden mutlaka etkileneceğimizi şu ifadeleriyle bildirir:

"İyi arkadaşla kötü arkadaşın misali, misk taşıyanla körük çeken insanlar gibidir. Misk sahibi ya sana kokusundan verir veya sen ondan satın alırsın. Körük çekene gelince ya elbiseni yakar yahut da sen onun pis kokusunu alırsın." (Buhârî, Buyu', 38)

Dolayısıyla kötü arkadaşlar, insanı hak yoldan uzaklaştırırlar. Kötü arkadaş seçen, gerçeği bir gün dünyada da ahirette de anlar ama iş işten geçmiş olur. Bu gerçeği ifade etmek üzere, Hz. Ömer, dinimiz ve dünyamız konusunda bize yararı dokunmayan kişilerle dost olmamamızı, güvenilir ve gerçek anlamda Allah'a bağlı olanlarla dostluk kurmamızı ve istişarede bulunmamızı tavsiye etmiştir. Çünkü kötü kişiler, dostunu da kötülüğe sevk eder.

Özellikle gençlik döneminin başlarında arkadaş sahibi olmak, arkadaşları ile bir arada olmak, onlar tarafından aranan biri olmak çok önemsenir. Genç, arkadaşlarının etkisine açıktır. Onların idealleri, ahlaki hükümleri ve dünya görüşleri genci de etkiler. Arkadaş grubunda ortak değerler oluşur ve bu değerlere sahip çıkılır.

Bu nedenle faziletli olmak ve sahip olduğu iyi ahlakı korumak isteyen kişi kendisi gibi fazileti kazanmış, aşağılatıcı ayıplardan arınmış kimselerle ilişki kurmalı, böyleleriyle dostluk ve arkadaşlık kurarak meclis ve sohbetlerinde bulunmalıdır. Çirkin huylara sahip, aşağılatıcı ayıplarla dolu, fazileti kazanmamış kimselerden yakıcı ateşten kaçar gibi kaçmalıdır. Çünkü arkadaşlarının huylarını kapmak insan ruhunun özelliğindendir.

Şerli insanlarla arkadaşlık etmekten nasıl kaçınmak lazımsa, onları dinlemekten de kaçınmalıdır. Bilhassa fuhş olacak sözleri söyleyen, maskaralık yapan, sarhoş olan, Müslümanlarla alay eden, bunların ayıplarını sayıp döken kimseleri dinlememek lazımdır. Fazileti isteyen, rezillikten kaçanlar için bu şarttır.

İnsanın yetiştiği ortam veya çevresinde bulunan kişilerin ötesinde, egemen güçlerin yani otorite sahiplerinin de kişinin iman edip etmemesinde, onun ahlaki yönden şekillenmesinde büyük oranda belirleyici etkileri vardır. Neticede insan, kiminle oturup kalkarsa veya kimleri sever ve dost olursa onların inanç ve ahlakından etkilenmektedir.

Bir Kıssa Bin Hisse: Kurbağa

Farenin biri bir gün su kenarında bir kurbağa ile tanışıp arkadaş oldu, her ikisi de bu arkadaşlıktan memnun kaldı ve her sabah aynı yerde buluşup konuşmak için aralarında anlaştılar. Her gün aynı saatte, aynı yerde buluşup uzun süre konuştular. Fare yuvasından, kurbağa ise sudan çıkarak buluşup konuşuyorlardı.

Bir gün fare kurbağaya:

"Böyle arada bir dertleşmek iyi olmuyor. Benim bir derdim, sıkıntım olunca seni bulamıyorum, çünkü suyun derinliklerinde oluyorsun. Buna bir çare bulmalıyız." dedi.

Bu düşünce kurbağanın da aklına yattı. Birlikte bir çare aramaya karar verdiler ve sonunda uzun bir ip bulup bir ucunu farenin kuyruğuna, bir ucunu da kurbağanın bacağına bağladılar. Böylece diğeri ile konuşup dertleşmek isteyen, ipi çekiyor ve hemen bir araya gelerek konuşuyorlardı.

Bir gün fare suyun kenarında dolaşırken bir karga onu yakalayıp havalandırdı. Farenin kuyruğuna bağlı ip kurbağanın bacağına bağlı olduğu için, kurbağa da havalandı. Bu manzarayı görenler, karganın nasıl olup da suyun içindeki kurbağayı avladığına şaştılar.

Böylece kurbağa "Fareyle arkadaş olayım." derken canından oldu.

Arkadaş ve dost edinirken dikkatli olmak iyidir. İyi dost iyiliğimize sebep olurken, kötü dost da sıkıntıya düşmemize neden olur. Çoğu insanın maddi-manevi zorluklara düşmesine, kurduğu yanlış dostluklar sebep olmuştur.

Ahlaki Davranış Geliştirme Metotları

Tıpkı bir kuyumcunun eline aldığı bir mücevherin cinsini ve kalitesini dikkate alarak onu nakış nakış işlemesi gibi, biz de özellikle çocuk ve gençlerin gelişim seviyelerini, zekâ ve yeteneklerini iyi tanımalıyız ki ona göre ahlaki eğitim ve öğretim yaptırabilelim. Aksi takdirde, işleyeceği mücevherin cinsini ve kalitesini bilemeden elindeki aletle vurup onu bir çırpıda parçalayıp işe yaramaz hâle getiren kuyumcu gibi, biz de çocukları ve gençleri kırıp, incitip heba edebiliriz. Onları ahlak ve maneviyattan soğutabiliriz. Böyle bir hatanın bütün vebali bizim üzerimizde olur.

Onun için ahlaki eğitim öğretim faaliyetlerimizde dikkatli ve titiz olmak durumundayız. Çünkü çocuklarımız bize Allah tarafından emanet edilmişlerdir. Bizim görevimiz, onları en iyi şekilde yetiştirmek ve hayata hazırlamaktır. Ancak yetiştirme ve hayata hazırlama döverek, cezalandırarak, kişilikleri veya başarısızlıkları ile alay edilerek değil, sevip okşayarak, küçük de olsa başarıları takdir ve teşvik edilerek, kendilerine güven kazandırılarak yapılmalıdır. Onları, Sevgili Peygamberimizin kullandığı ahlaki yöntemleri esas alarak hayata hazırlamak, olgunlaştırmak ve salimen hedeflerine ulaştırmak durumundayız. Peygamberimizin terbiye hakkındaki şu sözlerini de hatırlayalım:

"Çocuklarınıza ikram edin ve terbiyelerini güzel yapın." (İbn Mâce, Edeb, 3)

"Kişinin öldükten sonra geride bıraktığı şeylerin en hayırlısı, kendisine dua eden salih bir evlat, sevabı kendisine ulaşan sadaka-i câriye, kendisinden sonra halkın amel ettiği ilimdir." (Ahmed b. Hanbel, Müsned, V, 261)

"Bir baba evladına güzel edepten daha efdal bir şey hediye etmez." (Tirmizî, Birr, 33)

"Kişinin evladını edepli yetiştirmesi, onun bir ölçek sadaka vermesinden daha hayırlıdır." (Tirmizî, Birr, 33)

Peki, çocuklarımızın ve gençlerimizin ahlaki davranışlarını geliştirebilmek için nelere dikkat etmeliyiz? Öncelikle kendimizin dikkat etmesi gereken metotları kısaca şöyle açıklayabiliriz:

Çocuklarımıza ve gençlerimize karşı daima güler yüzlü olalım ve küçük kabahatlerini cezalandırmayalım. Önce niyetlerinin ne olduğuna bakalım. Hislerine değer verelim ve bunu gösterelim. Çocuklarımızın ve gençlerimizin bize güvenmesini sağlamak için onlara boş vaatlerde bulunmayalım ve vaadimizi yerine getirelim, onların önünde anne-baba olarak tartışmayalım. Onları korkutmayalım, bizden her olumlu hareketinde destek göreceklerini anlatalım, onların sevinçlerini paylaşalım ve acılarına ortak olalım. Bize bir şey sorduklarında ilgiyle cevap verelim. Emir verirken yerine getirip getirmediklerine bakalım ve onlardan yerine getirebilecekleri şeyler isteyelim, kuru tehdit savurmayalım. Çocuklarımızın birbirlerini sevmeleri için birini cezalandırırken öbürünü mükâfatlandırmayalım; bu düşmanlığa yol açar. Birini severken ve takdir ederken aynı şeyleri diğerlerine de yapalım. Birbirlerine hakaret ettikleri zaman hemen araya girip ceza verirken suçun kimden olduğuna bakalım. Onlara daima iyi insanlardan bahsedelim ve dünyadaki yardımlaşmadan ve iyiliklerden bahsedelim. Herkese ve onlara karşı yumuşak davranalım.

Bir Kıssa Bin Hisse: Fakir

Kadının biri, kucağındaki bebekle yaşlı bir bilgenin yanına gitti ve fakirliğinden söz edip ondan yardım istedi. Bilge adam, onu şöyle bir süzüp:

"Demek fakirsin." dedi. "Hem de çok fakir. Ama ben karşılıksız yardım yapmam. Eğer benden bir şeyler bekliyorsan, çocuğunun parmağını satman gerekir."

Kadın, önce deli zannetti onu. Hemen sonra da, saçma sapan bir şaka yaptığını... Fakat adam ciddi görünüyordu. Yüz ifadesinden açıkça belliydi bu.

Bilge adam biraz sonra ona bir kese altın uzatarak:

"Bu altınlar sana ömrün boyunca yeter." dedi. "Ama dediğim gibi, çocuğunun parmağını satman gerekir. İstersen ayak parmağı da olabilir. Zaten ben bir cerrahım, bebeğine fazla acı çektirmem."

Kadın, kanını donduran bu sözlere isyan edip kaçmayı düşünürken, adam bir teklif daha yapıp:

"O zaman bir tırnağını sökeyim." dedi. "Nasıl olsa on gün sonra yenisi çıkar."

Kadın, artık dayanacak hâlde değildi. Bebeğini kucaklayıp oradan koşarcasına uzaklaşırken, adam onun arkasından:

"Nasıl bir fakirsin, anlamadım!" diye seslendi. "Kucağındaki hazinenin tırnak kadar küçük bir parçasını, bir kese altına değişmiyorsun."

Yukarıda kendimiz için saydığımız metotların yanında çocuklarımızın ahlaki eğitimlerinde genel olarak şu hususları da göz önünde bulundurursak, çocuklarımıza iyi bir şekilde dinî ve ahlaki eğitim verebiliriz:

1) Her Zaman Kolaylık Tercih Edilmelidir

Her türlü eğitimde olduğu gibi ahlak terbiyesinde de kolaylığı tercih etmemiz gerekmektedir. Kolaylığı tercih aynı zamanda Kur'an'ın eğitim ilkelerinden birisidir.

Bu yaşama biçimini bize Peygamber Efendimiz öğretmiştir. Cenâb-ı Hak ona *"Allah size kolaylık diler, güçlük dilemez."* (Bakara suresi, 21:85) buyurduğu için o da insanlarla olan işlerinde biri zor, diğeri kolay iki hareket tarzı ile karşı karşıya bulunduğu zaman, kolay geleni tercih etmiştir. Şayet bu iki hareket tarzından biri günah ise, onu yapmaktan ve yaptırmaktan şiddetle kaçınmıştır. (Buhârî, Menâkıb, 23)

Peygamberimiz (s.a.v.) kolaylık konusunda bizi şöyle öğütlemektedir:

"Kolaylaştırınız, güçleştirmeyiniz. Müjdeleyiniz, nefret ettirmeyiniz!" (Buhârî, İlim, 11)

"Nerede kolaylık varsa, orada güzellik vardır. Kolaylığın bulunmadığı her şey çirkindir." (Müslim, Birr, 78)

"Allah Teâlâ kullarına lütufkârdır. Onlara kolaylık gösterilmesine memnun olur. Zorluk çıkaranlara ve başkalarına vermediği başarıyı ve sevabı, kolaylık gösterenlere verir." (Müslim, Birr, 77)

"Cehenneme kimin girmeyeceğini veya cehennemin kimi yakmayacağını size haber vereyim mi? Cana yakın olan, herkesle iyi geçinen, yumuşak başlı olup insanlara kolaylık gösteren kimseleri cehennem yakmaz." (Tirmizî, Kıyamet, 45)

Peygamber Efendimiz ashabına da muhtelif vesilelerle kolaylık göstermelerini, zorluk çıkarmamalarını emreder, insanları ürkütmeyip onlara müjde vermelerini tavsiye ederdi.

Çünkü işin kolay olduğunu düşünmek, kişide motivasyon meydana getirir. Bunun sonucunda kendine güven oluşur ve artar. Psikolojik bir rahatlık meydana gelir. Gerilim ve sıkıntının şiddeti düşer. Böylece kişi üzerine aldığı işi başarmak için yeni bir enerji kazanır. Enerjinin varlığı bıkkınlığı önler. Görüldüğü gibi kolaylık sağlanmış olması davranışın ortaya çıkmasında çok önemli bir unsur olarak rol oynamaktadır.

2) İhtiyaçlar Göz Önünde Bulundurulmalı ve Tedricîliğe Riayet Edilmelidir

Ahlaki eğitim kısa zaman dilimleri içinde sonuç alınacak bir uğraş da değildir. Eğitimde başarılı sonuçlar daima belli bir zaman dilimine ihtiyaç gösterir. Sonuca, kademe kademe bir tedric (süreç) içinde ulaşılır. Bundan dolayı, sabır ve metanet, ahlaki eğitim için vazgeçilmez iki yöntem olarak gözükmektedir.

Allah Kur'an'da insanları eğitirken dereceli bir yol takip etmiş, emirler ve yasaklar koyarken insanların bunlara uyum sağlayabilmeleri için zamana ihtiyaçları olduğu gerçeğine işaret etmiş, bu davranış şeklini insanlara da tavsiye etmiştir. Örneğin; Kur'an'ın 23 senede indirilmesi, eğitimde derecelilik kuralına uymaktadır. Yine içkinin yasaklanması böyle kademe kademe gerçekleştirilmiş, namaz ilk tebliğden 11, oruç 14 yıl sonra emredilmiştir. Bunlar gibi diğer kurallar da zaman ve zemine uygun olarak gelmiş, insanların karşısına birdenbire bir emir ve yasaklar manzumesi çıkartılmamış; böylece onların zor bir duruma düşmesi önlenmiştir.

Ayrıca her türlü eğitim faaliyetinde, gerek Müslüman olmayanları dine davet ederken, gerekse Müslümanların eğitiminde daima kolaydan zora, hoşgörüden cezalandırmaya doğru bir derecelilik takip ve tavsiye edilmiştir. İşte bu metot çocukların dinî duygu ve düşüncelerinin uyarılması ve geliştirilmesi için dikkat edilecek en önemli hususlardan birisidir. Buna göre çocukların ve gençlerin ihtiyaçları göz önünde bulundurulmalı, onlara tedricî olarak, sordukları sorulara, ihtiyaçlarına, zamana ve şartlara göre azar azar bilgiler verilmelidir.

3) Aile Fertleri Arasında Fikir ve Davranış Birliği Olmalıdır

Ailede çocuklar eğitilirken, anne farklı, baba farklı düşünce ve davranış örnekleri ile çocuğa yaklaşmamalı ve farklı modeller ortaya koymamalıdır. Yine, aynı çatı altında yaşayan dede, nine, teyze, hala, amca, dayı gibi başka büyükler de varsa, onlarla da fikir ve davranış birliği içerisine girilerek, çocuklara tek tip örnek oluşturulmalıdır. Çünkü her birinin tavır ve davranışlarının farklı farklı olduğunu gören, sezen çocuk bunlardan hangisini doğru kabul edip, benimseyeceği konusunda tereddüde düşebilir.

Bu durumda doğru olanı kabullenerek, benimseyerek, yapması gerekenleri değil, büyüklerinden hangisinin söz, tavır ve davranışı hoşuna gidiyorsa onu benimseyecektir. Muhtemelen bu durum, çocuğu birtakım olumsuzluklara doğru yönlendirmiş olacaktır. Onun için çocuğu etkileme ve eğitme durumunda olan kişilerin kendi aralarında uyumlu olmaları şarttır.

4) Çocuklara Sevgi ile Yaklaşılmalıdır

Öğretim kafaya, ahlaki eğitim ise daha çok kalbe hitap eder. Onun için çocuklarımıza dinî ve ahlaki eğitim verirken, biz anne babaların ve eğitimcilerin çok dikkat etmeleri gereken en önemli hususlardan birisi de; çocuklarımızın kalplerine Allah ve peygamber sevgisini yerleştirmek olmalıdır.

Aslında Allah sevgisi, insanlarda yaratılışta mevcut olan bir duygudur. Onun için bütün ilahî dinler önce Allah sevgisi ve inancı telkin ederler. Batılı psikologlar ve eğitimciler de sevgiyi, din ile en çok ilgisi olan duygu olarak kabul etmektedirler. Çünkü temelinde sevgi olmayan herhangi bir eğitim sisteminin başarıya ulaşması mümkün olmadığı gibi, sevgiyi esas almayan herhangi bir dinin de geniş halk kitleleri arasında yaygınlaşması ve benimsenmesi mümkün değildir.

5) Olumsuzlardan ve Yasaklardan Değil, Olumlulardan ve Serbestliklerden Hareket Edilmelidir

Çocukların dinî ve ahlaki terbiyelerinde yasakları ön plana çıkarmamak gerekir. Onlara yapmamaları gerekenleri değil, öncelikle yapmaları gerekenleri söylemek ve telkin etmek lazımdır. Ebû Seleme'nin oğlu Ömer (r.a.) şöyle bir olay nakletmişlerdir: "Ben, Resûlullah (s.a.v.)'ın terbiyesi altında bir çocuk idim. Yemek yerken elim yemek kabının her tarafında dolaşırdı. Resûlullah (s.a.v.) bana, *'Ey oğul! (Yemeğe başlarken) Allah adını an, sağ elinle ve sana yakın olan taraftan ye!'* buyurdu. Ondan sonra ben her zaman 'Besmele' ile sağ elimle ve önümden yedim." (Buhârî, Et'ime, 2)

Dikkat edilirse Resûlullah (s.a.v.), yemek yiyen çocuğa elini kabın her tarafında dolaştırdığı için kızmamıştır, azarlayarak onu ayıplamamıştır. Yasaklama yapmadan, yalnızca yapması gerekeni söylemiş ve yol göstermiştir. Demek ki, çocuk yetiştirmeye ve terbiye etmeye çalışan herkesin, yasakları ön plana çıkarmadan, onların yapmaları gerekenleri tavsiye ve telkin etmeleri gerekmektedir. Çünkü önce yasakları ifade etmek, bir anlamda çocuğa "Demek ki böyle yapılabilirmiş!" fikrini verebilir ve yasaklanan şeye karşı ilgisi uyarılmış olabilir.

6) Yasaklar Konulmadan Alternatifleri Bulunmalıdır

Her şeye rağmen çocuklara birtakım yasaklamalar getirilecekse, yasağa karşılık, hatta yasaklamalardan önce alternatifleri bulunup, çocukların önüne konulmalıdır. Çünkü alternatifsiz olarak yalnızca yasaklamalarda bulunmak, çocuklar üzerinde aksi tesir yapar. Alternatifler ise onları rahatlatır. Tıpkı şu olayda olduğu gibi:

Râfi' b. Amr şöyle anlatıyor:

"Ben çocukken ensarın hurma ağacını taşlardım. Ensardan biri beni tutup Peygamberimiz (s.a.v.)'e götürdü. Peygamberimiz (s.a.v.) bana, *'Çocuğum, onların hurma ağaçlarını niçin taşladın?'* diye sordu.

'Yâ Resûlallah, açtım, yemek için taşladım.' dedim. *'Sen bir daha taşlama! Altlarına düşenleri al, ye! Allah seni doyurur.'* dedikten sonra başımı sıvadı ve *'Allah'ım karnını doyur.'* diye dua etti." (İbn Mâce, Sünen, II, s. 771)

Bu hadiste anlatılan olayla, Peygamber Efendimiz ortaya son derecede mükemmel bir pedagoji kuralı koymuştur. Çünkü olayın kahramanı Râfi' b. Amr'ın karşısına bir yasak çıkarırken, onun kadar cazip bir de alternatif getirmiştir. Yani yalnızca hurma ağacını taşlamayı yasaklamakla kalmamış, buna karşılık "altına düşenleri yemesini" söyleyerek, yasağın alternatifini de göstermiştir. Çocuğa yaptığı işin "haram", "yasak" veya "günah" olduğunu telaffuz bile etmemiştir. Çünkü Râfi' o zaman belki de helali, haramı kavrayabilecek yaşta bile değildi.

Öyle ise, ailelerde çocukların ahlaki eğitilmelerinde de, şayet birtakım yasaklamalar ve kısıtlamalar getirilecekse, yasaklarla birlikte ve hatta ondan da önce, onun alternatifi mutlaka hazırlanmalıdır ki çocuk yasaklanandan kolaylıkla vazgeçerek, serbest bırakıldığı şeye yönelebilsin.

7) Çocuklar Zaman Zaman Mabetlere ve Kutsal Yerlere Götürülmelidir

Çocukların küçük yaşlardan itibaren camilere ve dince kutsal sayılan manevi değerleri olan bazı yerlere götürülmeleri de onların dinî ve ahlaki duygularının geliştirilip, pekiştirilmesinde yardımcı olur.

Bilhassa kandil gecelerinde, ramazan ayında, cumalarda ve hatta -erken saatlerde uyanabildikleri takdirde- bayram sabahlarında, zorlanmadan ve istekleri uyarılmak suretiyle camilere götürülecek çocuklara o manevi havayı teneffüs ettirmek, son derecede olumlu etkiler yapar. Oralarda görüp yaşadıkları her olayı ve duyguyu ilerideki hayatlarında ömür boyu unutamayacakları, değerli ve kutsal birer hatıra olarak zihinlerinde yaşatırlar.

Bu konuda düşünülüp, uygulanabilecek bir başka tedbir ise şu olabilir: Çocuklarını camiye alıştırmak isteyen anneler, babalar, dedeler, çocuklarının çok sevdikleri ve arzu ettikleri oyuncakları veya yiyecekleri önceden alıp, cami görevlilerine vermelidirler. Görevliler de daha sonra camiye getirilen çocuğu severek, okşayarak, -kendisi hediye ediyormuş gibi- oyuncakları veya yiyecekleri onlara vermelidirler. Bu jest de, çocukların ömür boyu unutamayacakları hatıralarından olarak zihinlerinde yer işgal edecek, camiye ve din görevlilerine karşı daima yakınlık duymalarına vesile olacaktır.

Sonuç olarak şunları söyleyebiliriz: Çocukların ve gençlerin dinî ve ahlaki terbiyelerinde en önemli ve birinci derecede etkili ve yetkili kişiler anneler, babalar ve evdeki diğer büyükler olmakla birlikte, zamanımız şartlarında onlar kendi başlarına çocuklarını istedikleri gibi eğitip, yetiştirebilme güç ve imkânlarına sahip değillerdir. Onlara herkes veya her tür resmî ve gayriresmî kuruluşlar destek olmalıdır.

Acaba günümüzde mamur bir mescit özlemi var mı, yakınımızdaki mescidi bir sabah namazında ziyaret ediyor muyuz? Orada bir mümine kavuşma, bir müminle kucaklaşma sevincini yaşıyor ve yaşatıyor muyuz? Çocuklarımızın ışıltılı gözleri oranın Kur'an pınarında yıkanıyor mu?

Vicdan Eğitimi

Akıl ve vicdan diğer bütün kabiliyetler gibi, doğuştan gelen kabiliyetlerimizdendir. İnsanın iyiyi kötüden, güzeli çirkinden vs. ayırt etme gücü olan vicdan, insanın güzel ve helal olanları tanımasına, çirkin ve haram olanlardan sıkıntı duymasına vesile olur.

Peygamber Efendimiz vicdan için: *"İyilik güzel ahlaktan ibarettir. Günah ise kalbini tırmalayıp durduğu hâlde insanların bilmesini istemediğin şeydir."* (Müslim, Birr, 14) buyurarak bize bir ölçü getiriyor. Yani şayet yapılan iş gönülde bir huzursuzluk doğuruyor ve o işin başkaları tarafından duyulması istenmiyorsa, o hareket mutlaka çirkindir, günahtır, yapılmasına Allah Teâlâ'nın izin vermediği bir harekettir.

Dolayısıyla günah kiriyle büsbütün kararmamış kalpler, iyi ve kötüyü ayna gibi gösterirler. Bu sebeple insan bir şey yapmak istediği zaman önce gönlüne bakmalıdır. Eğer o hareketi yapmaktan dolayı gönlünde bir rahatsızlık hissediyor, içini bir şüphe ve tedirginlik kemirip duruyorsa, derhâl o işten vazgeçmelidir. Çünkü sağlam bir vicdan insana doğru yolu gösterir.

Çocuklarımızda ise ahlak gelişiminin başlaması vicdanın uyanmasına bağlı bulunmaktadır. Ancak vicdan herkeste aynı kuvvette değildir; bazı kimseler büyük bir suç işlediği hâlde vicdanları onları fazla rahatsız etmez, bazıları da en ufak bir kabahat işleyince büyük bir suçluluk duygusuna kapılırlar. Vicdandaki bu gevşeklik veya sertlik, özellikle çocukluk çağında görülen terbiyeye bağlıdır.

Neticede vicdan bizi hem ahlaki davranışla tutarsızlıklardan kurtarır, hem de dışarıdan bir kontrol olmadan da ahlaklı davranmamızı sağlar. Böyle olmasaydı herkesin peşinde her an bir polisin veya müfettişin dolaşması gerekirdi, kaldı ki, kontrol görevi verilenlerin de vicdan sahibi olması gerekir.

Ahlaki Gelişme

Ahlak insanlar arası münasebetleri ilgilendiren bir sistem olduğu için çocukta bulunan ahlaki kabiliyetlerin gelişmesinde sevgi, aile ve çevrenin rolünü iyice bilip ona göre hareket etmemiz gerekmektedir. Çünkü çocuk doğuştan hazır bir ahlaki yapıya sahip olarak dünyaya gelmez; ancak onda gelişip olgunlaşmaya elverişli ahlaki bir kabiliyet bulunmaktadır. Dolayısıyla cömertlik, cimrilik, tutumluluk, savrukluk, düzenlilik hep ilk yaşlarımızda edindiğimiz huylardır. Âdetlerimiz, sevdiğimiz ve sevmediğimiz yemekler de çocukluktan kalmadır. Hayvanlara nasıl muamele edileceği, temizlik, heyecanların kontrolü, çekingenlik veya sosyallik hep çocukluktaki ahlaki gelişmeye bağlıdır ve aile vasıtasıyla öğrenilir.

Ahlaki gelişmede en önemli etken ise sevgidir. Çünkü ahlaki gelişmede vazgeçilmez bir duygu olan "sevgi" varlığımızın yaratılış sebebidir. Allah Teâlâ, *"Ey Mûsâ, sevilmen ve benim nezdimde yetiştirilmen için sana kendimden sevgi verdim."* (Tâhâ suresi, 20:39) buyurmuştur.

Kur'an'da geçen peygamber kıssalarına baktığımızda, Hz. Lokmân, Hz. Nûh, Hz. Yâkûb, Hz. İbrâhim (a.s.)'ların oğullarına, "yavrucuğum", "oğulcuğum" anlamlarına gelen, sevgi ve merhameti izhar eden "büneyye" kelimesiyle hitap ettiklerini görüyoruz. Bazı ayetlerde çocuk kelimesi yerine, göz bebeği manasına gelen "Kurratü'l-ayn" tabiri kullanılmıştır.

Ahlaki Gelişmede Sevginin Rolü

Çocuklara ve ailesine karşı insanların en şefkatlisi olan Hz. Peygamber, bir gün torunları Hasan ve Hüseyin'i öpüp sevmesini yadırgayan bir bedeviye *"Kalbinden Allah merhameti söküp almışsa ben ne yapabilirim?"* (Buhârî, Edeb, 18) buyurmuştur.

Hz. Peygamber başka bir gün ise, Zeynep'ten olma kız torunu Ümâme yanında olduğu hâlde mescide gelmiş namaza durmuştu. Başını secdeye koyunca çocuk koşarak gelip sırtına bindi, şefkat ve sevgi kaynağı Yüce Peygamber, namazın geri kalan kısmını çocukla tamamladı. Bu arada kalktıkça düşmesin diye onu bir eliyle omuzunda tutuyor, secde ettikçe yere bırakıyordu. (Buhârî, Salat, 106)

Namazın huşu ile kılınması ve namazda başka şeyle meşgul olunmaması yönünde çeşitli ikazlarda bulunan Hz. Peygamber'den, çocuklarla ilgili gelen bu ve benzeri rivayetler, özellikle ahlaki gelişme çağında bulunan çocuklara gösterilmesi gereken sevgi, anlayış ve ilginin boyutlarını ifade eder.

Hz. Peygamber, çocuklarına sevgi ve merhamet gösteren kadınları da övmüş ve Kureyş kadınlarına hitaben, *"Deveye binen kadınların en hayırlıları Kureyş kadınlarının saliha olanlarıdır. Onlar çocuklarına son derece müşfik ve düşkündürler."* (Buhâri, Nikâh, 12) buyurmuştur.

Eğer çocuklarımızı sevgi atmosferi içerisinde büyütebilirsek, ahlaki ve dinî eğitimin temeli olan güven duygularını geliştirmiş, bedenen kuvvetli, sağlıklı ve ruhen ahlaklı olarak yetişmelerine vesile olmuş oluruz. Böylece çocuklarımız tıpkı iyi aşılanmış fidanların meyveleri gibi, hem kendilerine ve çevrelerine faydalı olurlar hem de başka insanları sevmekte zorluk çekmezler. Bu sebeple, "Eğer kötü anne ve babalar olmasaydı, kötü çocuklar da olmazdı." denmiştir.

Bir Kıssa Bin Hisse: Sevgi

Küçük kız, annesiyle birlikte dolaşırken, yola bir baktıktan sonra aniden durdu. Hızla geçen arabaların arasında, bir adamla kız çocuğu dikkatini çekmişti. İkisi de bir bisikletin üstündeydi. Arkadaki kız, kendisiyle aynı yaşta görünüyordu ve sırtına da eski bir çanta asılıydı. Babasına sıkı sıkı sarılmış vaziyette; soğuktan rengi değişen yanaklarını bir yastığa koyar gibi onun sırtına dayamıştı. Adamın ara sıra, biraz yana dönerek söylediği sözler küçük kızı kıkır kıkır güldürüyordu.

Kaldırımda duran kız, bisikletin arkasından bakıp dururken, annesi bu hâlini fark ederek:

"Evde bir düzine bisikletin var." dedi. "Hem de

en güzelinden. Ama eğer beğendiysen baban ondan da alır."

"Ben bisiklete değil, arkadaki kıza baktım." dedi ufaklık. "Babası onu güldürüp duruyor."

Kadın sanki bu sözleri hiç duymamıştı. Kızın süslü şapkasını biraz sertçe düzeltip:

"Çocukların okula nasıl gittiğini, işte kendi gözlerinle gördün." diye çıkıştı. "Bu kışta kıyamette birçoğu bisikletle, bir kısmı yürüyerek yollara dökülüyor. Oysa ki baban, her gün işine giderken fedakârlık gösterip, seni Mercedes'i ile bırakıyor."

Kızın gözü hâlâ bisikletteydi.

Kadın, yine alaycı bir tavırla:

"Babana söyleyelim, seni de bir bisikletle götürsün." dedi. "Ne de güzel olur, öyle değil mi?"

Küçük kız, yaşla dolan gözlerini annesinden kaçırıp:

"Bunu çok isterdim." diye karşılık verdi, "Belki de bu sayede babama sarılırdım."

Ahlaki Gelişmede Ailenin Rolü

İlk temel duygular olan sevgi, bağlanma, ümit ve güven gibi duygular da aile ortamında öğrenilir. Bu konuda bilhassa ve öncelikle annelerin rollerinin büyük olduğu aşikârdır. Çünkü "Dindar anne, dinin ilk öğretmenidir."

Ailede ahlaki gelişim açısından çocuklarla bitkileri birbirine benzetebiliriz. Her ikisi de bakım ister, her ikisi de zamanla gelişip büyür. Ama çocukların büyüdükçe yetenekleri artar, ahlaki kişilikleri gelişir. Özellikle gençlerin ahlaki gelişimi, çok sabır ve anlayış gerektiren uzun bir süreçtir. Acelecilik ve çabuk meyve almayı beklemek bu süreci olumsuz etkiler. Bu da ailede sevginin ve özellikle de olumlu bir ana-baba çocuk ilişkisinin büyük önemi olduğu göstermektedir.

Bu nedenle Allah Teâlâ Kur'an'ı bir öğüt kitabı olarak isimlendirmiş ve insanların nasihatten etkilenen bir psikolojiye sahip bulunmaları nedeniyle Kur'an'da öğüt ve kıssaya fazlaca yer vermiştir. Bilhassa Hz. Lokmân'ın oğluna verdiği öğütler, bozuk ve menfi karakterlerin yerine müspetlerini yerleştirmesi açısından hem oldukça önemli hem de Kur'an'daki genişliği ilgi çekicidir. Hz. Lokmân'ın oğluna, *"Yavrucuğum! Allah'a ortak koşma..."* (Lokmân suresi, 31:13) diyerek öğüt vermesinden hareketle de çocuğa ilk kazandırılacak şeyin, sağlam bir iman ve iyi bir ahlaki eğitim olduğunu söyleyebiliriz.

Çocuklarımıza sağlam bir iman verebilmek için onların sorumluluk duygularını geliştirmeliyiz. Onlara uygulayacağımız disiplin ve sınırlarını bilmeliyiz ve özellikle dil gelişimine dikkat etmeliyiz. Şimdi bu önemli üç noktayı açıklamaya çalışalım:

1) Ailede Ahlaki Sorumluluk Gelişimi

Çocuklara yapabilecekleri birtakım işleri yaptırmak, seviyelerine uygun sorumluluklar vermek, kendi başlarına bir şeyleri başarabildikleri duygusunu onlara tattırmak, onlarda kendine güven duygusunun ve ahlaki sorumluluk bilincinin gelişmesini sağlayacaktır. Çocuğu her hapşırdığında hastanelere koşan, ayakkabı bağını bağlayan, okul çantasını taşıyan, ev ödevlerini yapan, sokakta yürürken elinden bırakmayan, sürekli ne yapması gerektiğini söyleyen ve çocuğunu koruyup kolladıklarını zanneden anne-babalar, aslında çocuklarına en büyük zararı verdiklerini bilmelidirler. Çünkü çocuklar, doğuştan sorumluluk üstlenecek özelliklerle donatılmıştır. Anne babanın görevi, çocuktaki bu özellikleri örnek davranışlarla ve doğru tutumlarla ortaya çıkarıp geliştirmektir. Bunun için özellikle anne-babaların çocuklarda ve gençlerde ahlaki sorumluluk gelişim özelliklerini iyi bilmeleri gerekmektedir. Bu özellikleri kısaca yaşlara göre şöyle özetleyebiliriz:

2,5 – 3 Yaş Özellikleri: Taklit etme kabiliyeti gelişmiştir. Anne babaların yaptıkları ve söyledikleri işleri yapmaktan zevk alırlar. Çocuk, bu dönemde anne ve babadan gerekli desteği göremediği takdirde taklit yeteneği körelir. İş yapmaktan zevk almamaya başlar. İsteksizlik baş gösterir.

3 – 5 Yaş Özellikleri: Kendisini ve yeteneklerini ortaya koymayı ister. Yapabileceğini göstermekten hoşlanır. Yarışmaktan, oyunla iş yapmaktan zevk alır. Anne

babanın çocuğun bu özelliklerini kullanarak yönlendirme yapması gerekmektedir.

Bu yaştaki çocukların eğitiminde masalların ve dinî hikâyelerin rolü çok büyüktür. Masal kahramanlarının şahsında çocuklara doğru ahlaki davranışları öğretmek kolaylaşır. Çünkü çocuklar dört yaşına kadar benmerkezci bir düşünceye sahiptir. Canlı cansız ayırımı yapamazlar; onlara göre her şey canlıdır. Bu sebeple masallarda geçen olayların tamamına inanırlar, uydurma olduğunu düşünmezler.

Çocuk kendisini kahramanın yerine koyar, onunla özdeşleşir. Ben çocuklarıma Peygamberimizi anlatırken çocukları ne kadar çok sevdiğini torunları Hz. Hasan ve Hüseyin efendilerimizden ve kızı Fâtıma anamızdan örnekler vererek hikâye şeklinde anlatmıştım. Mesela, sevgili Peygamberimiz ve Hz. Ebû Bekir hicret için Sevr mağarasına gizlendiklerinde yaşanan örümcek ve güvercin mucizesini hikâye suretinde anlattığımda, oğlum üç yaşındaydı. O kadar hoşuna gitmişti ki, "Babacığım, bir daha anlat!" demişti ve yerinden kalkarak o da Hz. Ebû Bekir gibi Peygamberimizi korumak için telaşlı hareketlere başlamıştı.

Dört yaşındaki çocuklara ibadetler ve dua da çok ilginç gelir, bizi taklit etmeye çalışırlar. Bizimle birlikte namaz kılmak, dua etmek, oruç tutmak, camiye gitmek çok hoşlarına gider.

Yemeklerden önce ve sonra Allah'a verdiği nimetlerden dolayı sesli olarak şükretmek, namazlardan sonra yine sesli olarak dua etmek; kendimiz, eşimiz, aile büyüklerimiz ve çocuklarımız için iyi dileklerde bulunmak yavrularımız üzerinde büyük tesir bırakır ve onları Allah'a yaklaştırır.

Namaz kılacağı zaman çocukları odadan dışarı çıkaran anne babalar var. Camide çocuk azarlayan ve dışarıya kovalayan yaşlılar görürsünüz. Sebebini sorduğunuzda, "Yaramazlık yapıp namazımızı bozuyor." derler. Bu kişiler davranışlarıyla çocukları dinden soğuttuklarının farkında değildirler.

Bir gün evimize yaşlı bir akrabamız gelmişti. Hoş beş ve çay faslından sonra sıra namaz kılmaya geldi. Biz namazda iken dört yaşındaki oğlum gelip sırtıma çıktı, kollarıyla boynuma tutundu. İkimiz de buna alışığız. Peygamberimizin çocuk sevgisini anlatırken Hz. Hasan ve Hz. Hüseyin efendilerimizin dedeleri namazda iken sırtına tırmandıklarını, Peygamberimizin buna ses çıkarmadığını, böyle birlikte namaz kıldıklarını anlatmıştım. O günden sonra, kim bilir belki de kendisini Hz. Hasan veya Hz. Hüseyin yerine koyarak, ben namazda iken gelip sırtıma tırmanır, elleriyle boynuma tutunur, böylece birlikte secdeye varırız. "Ne yapıyorsun?" diyenlere de "Babamla namaz kılıyorum." der.

Biz oğlumla son rekâtta iken, namazını bitiren yaşlı akrabamız hışımla çocuğu sırtımdan alıp odadan dışarı çıkardı ve kapıyı kapattı. Bana, "Bu namaz olmadı, yeniden kılacaksın!" dedi. Güldüm.

"Yapma Hacı Amca, dedim, Peygamberimizin namazını bozmayan bir şey neden benim namazımı bozsun."

Ne demek istediğimi anlamadı tabii.

"Neymiş Peygamberimizin namazını bozmayan şey?" dedi kızarak. Ben de anlattım, ama aklı yatmadı. "Olmaz öyle şey, nereden uyduruyorsun bunları?" dedi.

5 – 8 Yaş Özellikleri: Akranları önemli bir yer tutmaya başlar. Onlarla paylaşmaktan ve onlara sahip olduğu eşyaları göstermekten zevk alırlar. Bu dönemde öğretmen (okul) aile iş birliği önemli bir yer tutar. Öğretmen ve aile iş birliği, çocuğa sorumluluk kazandırmakta öncelikli ve en önemli unsurlardan biridir.

8 – 12 Yaş Özellikleri: Sorumluluk bilinci yavaş yavaş gelişmeye başlar. Ailenin pozitif tutumu ve teşvikleri sorumluluk bilincinin gelişimine katkı sağlar. Yaşa uygun verilen görevleri sorumluluk bilinciyle yapar.

12 – 16 Yaş Özellikleri: Ergenlik dönemi başlangıcı olduğundan anne ve babanın anlayış ve desteği büyük önem kazanır. Anne ve baba salık veren değil, dinleyen, paylaşan ve anlayan olabildiği sürece sorunlar en aza indirgenir. Ebeveyn arkadaşça yaklaşımlar sergiledikçe sorumlulukların davranışa dönüşümü daha kolay olacaktır.

Çocukların sorumluluk ve diğer gelişim özelliklerinde onlara yardımcı olabilmek için disiplin yöntemlerini ve sınırlarını da çok iyi bilmemiz gerekmektedir. Yeri gelmişken çocuklarımıza uygulayabileceğimiz disiplinin sınırlarından ve yöntemlerinden de kısaca bahsedelim:

2) Ailede Uygulanabilecek Disiplinin Sınırları ve Yöntemleri

Cezalandırma ile eş anlamlı olmayan disiplin; çocuğa istenilen davranışları ve alışkanlıkları öğretmeyi, kendi kendini denetleme olan ahlak gelişimini sağlamayı amaçlayan yapıcı ve iyi niyetli bir eğitimdir. Bu nedenle çocuk aile içinde toplumsal ahlaki kural ve davranışları çoğunlukla ödüllendirme, cezalandırma ve model alma yoluyla öğrenir. Çocuğun ahlaki gelişiminde gerek görüldüğü takdirde mükâfat veya ceza verilebilir. Ancak bu konuda bilinçli olmak gerekmektedir. Araştırmalar gösteriyor ki, manevi cezalar maddi cezalardan daha iyi sonuç vermektedir. Özellikle fiziksel ceza yoluyla terbiye edilen çocukların kuvvetli bir vicdana sahip olmadıkları, fırsat bulunca onların da başkalarına aynı şeyi yaptıkları görülmüştür.

Çocuğa faydası olmayan bu cezaya dayalı olumsuz disiplin şekillerini ve çocuğun üzerindeki etkilerini aşağıdaki şekilde özetleyebiliriz:

Cezaya Dayalı Olumsuz Disiplin Şekilleri

Fiziksel Disiplin (Dayak): Çocuk veya genç ahlaki olmayan bir davranışta bulunduğu zaman dayak yerse bunun karşılığını ödediğini ve davranışını düzeltmek için başka bir şey yapmasına gerek kalmadığını düşünür. Aslında çocuk kendi yaptığının kötü bir şey olduğunu öğrenip kendini suçlu göreceğine, kendisini döven ana-babasını suçlar ve kendine olan güveni sarsılır. O da ana-babasının davranışını taklit edip problemlerini saldırganlıkla çözmeyi öğrenir, kızdığı zaman bir başkasını döver. Dayağa alışan çocuk veya genç başkalarıyla sürtüşmelerini konuşarak halledemez, o da şiddete başvurur.

Çocuğu Sözle Hor Görmek: Ana babalar çocuklarını genellikle üç şekilde söz ile hor görürler:

1. Korku ve Tehdit: Çocuklar korku konusunda çok hassastırlar. Pek anlamadıkları, kavramadıkları şeylerle korkutulurlarsa bu sözlere inanır ve çok sarsılırlar.

2. Alay ve Küçümseme: Çocuk için onur kırıcı bir davranış biçimidir.

3. Bağırma ve Beddua Etme: Çocuğun olumsuz davranışlarını düzeltmez, sadece ana babaların rahatlamasını sağlar. Çocuk kendini suçlayacağına ana-babayı suçlar.

Sevgi Esirgeme: Çocuğun yaramazlığından bıkan bir anne, "Beni çok üzüyorsun, bir gün üzüntüden öleceğim." diye yakınsa veya "Allah annelerini üzen çocukları sevmez, cehenneminde yakar." diye korkutsa çocuk bunun gerçekleşeceğini zannederek paniğe kapılır. "Yaramazlık yaparsan bir daha seni sevmem." gibi sözler çocuğu can evinden vurur. Çünkü çocuk ana-babasının sevgisine her zaman ihtiyaç duyar. Özellikle sevgi esirgemenin vicdan gelişimi üzerinde de olumsuz etkileri vardır.

Görüldüğü üzere kısaca bilgi verdiğimiz cezaya dayalı olumsuz disiplin şekillerinin çocuğun veya gencin ahlaki gelişiminde olumlu bir yönü yoktur. Peki, olumsuz cezaların yerine kullanılabilecek çözüm önerileri yok mudur?

Elbette ki vardır. Bunlardan önemli gördüğümüz birkaçını aşağıda açıklayalım:

Cezanın Yerine Kullanılabilecek Çözümler

Paslaşma Tekniği: Olumsuz duyguları ifade edebilmek insanlarda emniyet supabı gibidir. Çocuğun veya gencin bu duyguları ifade edebilmesi onun ruhsal gelişiminin emniyetini sağlar. Olumsuz duyguları içine atan çocukta ise olumlu duygular için yer kalmaz. Özellikle küçük çocuklar duygularının içinden olumsuz olanları seçemedikleri için olumlu duyguları da bastırırlar. Eğer çocuk olumsuz duygularını sözlerle ifade edemezse olumsuzluk başka bir anti-sosyal davranış olarak ortaya çıkar.

Bu tekniği uygularken şu sırayı takip etmek gerekir:

1. Çocuğun anlattıklarını dikkatle dinleyin.

2. Anlattıklarını kafanızın içinde yeniden şekillendirin.

3. Çocuğunuzun size anlattıklarını kendi sözlerinizle ona yeniden aktarın.

Sorunları Karşılıklı Çözme Yöntemi: Özellikle 5 yaşından sonra uygulayabileceğimiz bir yöntemdir. Aile bireyleri olarak karşılıklı oturup çocuğumuzun olumsuz davranışlarını düzeltmesi için bir anlaşmaya varabiliriz. Anlaşmada her iki tarafın da kuralları kabul etmesi ve uygulaması gerekir. Bu konuşmalar yapılırken bir kişi de not tutar.

Mola Yöntemi: Mola yöntemini kullanabilmek için bu yönteme uygun olan ve olmayan davranışları bilmemiz gerekir. Her hoşumuza gitmeyen davranışa mola yöntemi uygulanamaz. Çocuklarda görülen mola yöntemine uygun davranışlar şunlardır: Vurmak, öfke nöbetleri, alay ederek öteki çocukları kışkırtıp kızdırmak, anne ve babaya, yetişkinlere saygısızca konuşmak, öfke çığlıkları atmak, bağırmak, oyuncakları kırıp bozmak, başkalarına tekme atmak, ısırmak ya da ısırmakla tehdit etmek, saç çekmek, başkalarının boğazını sıkmak, taş, sopa, çamur atmak, evde beslenen hayvanlara eziyet etmek.

Çocuklarda görülen; somurtmak, sinirlilik, aksilik, keyifsizlik, kendisine verilen işi yapmamak, unutmak, giysilerini veya oyuncaklarını toplamamak, çekingenlik, korkaklık, ana-babaya bağımlılık veya pasiflik, içe kapanıklık, yalnız kalmayı istemek, ana veya baba tarafından doğrudan gözlenmiş olmayan davranışlar için ise mola yöntemini uygulamak gerekmez.

Ana babalar molayı ne zaman kullanmalılar? Öncelikle yukarıda saydığımız mola yöntemine uygun davranışlardan, mola uygulayacağınız bir veya iki kötü davranışı belirleyin. Buna hedef davranış denir. Amacınız bunları değiştirmektir. Mola için sıkıcı bir yer belirleyin (Kendi odası olmasın). Çocuğunuza bu yöntemi açıklayın. Hedef davranışın ortaya çıkmasını bekleyin. Bu hedef davranışlara mola yöntemini tekrar tekrar uygulayın.

Hedef davranış ortaya çıkınca; çocuğunuzu mola yerine siz götürün. Bunu yaparken en çok on saniye geçmeli ve en çok on sözcük kullanmalısınız. Mutfak saatini alıp belirli bir süre sonra çalmak üzere ayarlayın ve çocuğun işitebileceği yere koyun (mola süresi çocuğun yaşının her yılı için bir dakikadır.) Saatin çalmasını bekleyin. Çocuğunuz saatin çalmasını beklediği süre boyunca onunla her türlü ilgiyi kesin. (Portatif mutfak saati kullanın.) Saat çaldıktan sonra moladan çıkan çocuğa molaya neden gönderildiğini sorun.

3) Ailede Çocuğun Dil Gelişimi

Çocuğun ahlaki gelişiminde dilin önemi büyüktür. Peygamberlerin, çocuklara herhangi bir şey anlatırken ikna yoluna gitmeleri, onlara olan sevginin yanı sıra, ahlaki şahsiyet gelişimlerinde dile ve çocuğa verilen değerin bir ifadesidir. Bu konudan Hz. Peygamber (s.a.v.)'in, uygulamalarında üç husus dikkatimizi çekmektedir:

1. Dili düzgün konuşup anlayabilme kabiliyetini kazandırmak;

2. Dil ile ilgili ahlaki prensipleri kazandırmak (yalan söylememe, çirkin ve müstehcen sözler konuşmama vb.);

3. Her yaşta olabileceği gibi, özellikle yeni konuşmaya başlayan çocukların kalbine İslam'ın temel prensiplerinin tohumunu ekmek.

Ahlaki gelişimde dilin kullanımında yöntem konusunda Sevgili Peygamberimiz (s.a.v.)'in *"İnsanlara akıllarının alacağı kadar konuşunuz."* (Ebû Dâvûd, Edeb, 20) hadisi bizim için ölçü olmalıdır. Hadîs-i şerife göre konuşmamızı çocuklarımızın seviyelerine göre ayarlamalıyız. Kullanacağımız kelimeler, kuracağımız cümleler çocuklarımızın anlayabileceği seviyede olmalıdır. Çünkü seviyelerinin üzerinde, anlamayacakları kelime ve kavramlarla çocuklarımıza dinî bilgiler vermeye kalkışmak ve duygularını uyarmaya çalışmak bekleneni vermez.

Çocukların dinî ve ahlaki duygu ve düşüncelerinin uyarılması ve geliştirilebilmesi için dikkat edilecek en önemli hususlardan bir diğeri ise; ihtiyacın göz önünde bulundurulmasıdır. Onlara, tedricî olarak, yani sordukları soruya, ihtiyaçlarına, zamana ve şartlara göre azar azar verilmesidir. O hâlde çocuklara dinî bilgiler, tıpkı gıda verir gibi verilmelidir. Yani bünyelerinin kabul edebileceği ve hazmedebilecekleri kadar... Az gıda verilen çocukların vücutları nasıl yeterince gelişemezse, soruları yeterince ve gereği gibi cevaplandırılamadığı takdirde de fikrî yapıları, düşünme melekeleri gereği gibi gelişemez. Öte yandan, fazla gıdanın vücutça dışarıya atıldığı veya nefret doğurduğu gibi, gereğinden fazla bilgiler de çocuklarda nefret doğurabilir ve reddedilebilir.

Netice olarak hepimiz çocukluğumuzda iyi-kötü bir ahlaki eğitimden geçtik ve bu eğitim bizi bir ömür boyu etkilemeye devam etmektedir. Aslında hepimiz birer eğitimciyiz veya olmak zorundayız. Müslüman bir eğitimci ise muma değil, tabiri caizse bir güneşe benzemeli; çevresini aydınlatmaya çalışırken kendisini ve ailesini ihmal etmemelidir.

Ahlaki Gelişmede Çevrenin Rolü

Çocuklarda ahlaki duygu ve düşüncenin uyanması ve gelişmesinde sosyal çevrenin ve kitle iletişim araçlarının önemli etki ve katkıları vardır. Ezansız, mabetsiz bölgelerde doğup büyüyen, aile içerisinde ve çevrede ibadet eden herhangi bir insanla karşılaşmayan çocuklarda da dinî ve ahlaki uyanmalar ve gelişmeler, dindar ailelere göre biraz gecikmeli ve belki de sağlıksız olacaktır. Aynı şekilde kültür bakımından güçlü de olsa, inanç ve ahlak yönünden zayıf bir sosyal çevrede yaşayan gençler, Allah'ın istediği gibi sorumluluk bilinciyle yaşamak isteseler bile, sosyal çevreleri onlara bu fırsatı pek vermemektedir.

Gerçekten her türlü kötülüğü ve ahlaki kokuşmuşluğu meşru sayan düşüncelerin tesirinde kalan gençleri bunların zararlarından korumak, şehvetlerin kurbanı olmalarına engel olmak oldukça zordur. Bu durum ise çocuğun ailedeki dinî ahlaki terbiyesinde birtakım güçlükler ortaya çıkarmaktadır. Çünkü gençler arkadaşları nasıl davranıyorsa onlar gibi davranmaya çalışır. Hatta onlar tarafından tasvip edilmek, arkadaş grubunun saygısını kazanmak için, grup üyelerinin gösterdikleri davranışları en üst düzeyde yapmaya çaba harcarlar. Eğer arkadaş çevresi bozuk, uyumsuz, ahlak dışı ve suç niteliğinde davranışlar gösteren kişilerden oluşmuş ise, çocuk o zaman değişir ve onların değerlerini yavaş yavaş benimseyerek alışkanlık hâline getirir. "Üzüm üzüme baka baka kararır." atasözü, bunu çok güzel açıklamaktadır.

Doğal olarak oyun, iş veya eğitim için sokağa çıkan çocuklar ve gençler birbirlerini kolaylıkla etkileyebilmektedirler. Bir aile kendi çocuğunu ne kadar dikkatle ve titizlikle terbiye etmeye çalışırsa çalışsın, sokakta veya okulda iyi terbiye edilmemiş çocuklarla ve gençlerle karşılaşması hâlinde onlardan mutlak surette etkilenebilmektedir. Bu durumda ne yapılmalıdır? Çocuklarını iyi terbiye eden aileler, onları sokağa bırakmayıp, evde hapis hayatı mı sürdürmelidirler? Yoksa her şeye rağmen sokağa bırakmalı mıdırlar?

Çocuğun veya gencin "ahlakı bozulacak" diye sokağa bırakılmaması ve evde hapsedilmesi hâlinde, bunun sebebini ve gerekçesini ona izah etmek zordur. Şayet çocuğa; ahlakının bozulacağı endişesi ile sokağa bırakılmadığı, sokaktaki çocukların hep "ahlaksız ve kötü" oldukları söylenecekse, ona bunu inandırmak da zordur. Ancak her şeye rağmen, başlangıçta pek inanmadığı gerekçeleri çocuk zamanla kabullenmek zorunda kalabilir veya kabullenmiş gözükebilir. Fakat bu sefer, "kendisinin bütün çocuklardan daha iyi ve ahlaklı" olduğuna inanarak, üstünlük psikolojisine kapılabilir. Ondan sonra bütün çocuklara, akranlarına tepeden bakmaya başlayabilir. Yahut da tam tersine, içine kapanarak pısırıklaşabilir. Her iki hâlde de çocuk için olumsuz sonuçlar ortaya çıkmış demektir.

Öyle ise, her ne olursa olsun, çocuğu ve genci zaman zaman da olsa sokağa bırakmak mecburiyetindeyiz. Çünkü çocuğun sokaktan edineceği olumsuzlukları zamanla gidermek ve yok etmek mümkündür. Evde hapsedilen çocuğun geliştireceği ruhsal problemleri gidermek veya tedavi etmek ise, sokakta edineceği olumsuzlukları gidermek kadar kolay ve mümkün değildir. Ama asıl ve köklü çözüm bu değildir tabii. Asıl çözüm, bütün ailelerin çocuklarını iyi terbiye ederek sokağa salıvermeleri ile gerçekleşebilir. Bunun için ise, önce anne ve babaların iyi yetişmiş olmaları gerekir.

Bununla birlikte çocuğun ve gencin, arkadaşlarını çok iyi seçebilmesi şarttır. Ana-baba, çocuğun seçeceği arkadaşlara açıkça müdahale etmemeli, ancak iyi arkadaşlar edinmekte ona dostça yardım etmelidir. Arkadaşlarının iyi taraflarını övmeli, kötü taraflarını da mümkün mertebe ona buldurmalıdır. Zararı gelebilecekleri kendisinin tasfiye etmesini sağlayacak kadar onu olgunlaştırmaya çalışmalıdır. Her ne olursa olsun ana-baba, çocuğun aile dışında kimlerle arkadaşlık kurduğunu kontrol etmeli ve ahlaklı çocuklarla arkadaşlık kurması için elinden gelen çabayı sarf etmelidir.

Gençlerin uyuşturucu bataklığına düşmesine engel olmak ve onlara iyi bir çevre oluşturmak için de önlemler alınması zorunluluk arz etmektedir. Bu konuda ailelere, öğretmenlere, kitle iletişim araçlarına, daha doğrusu millet olarak herkese büyük görevler düşmektedir. Öte yandan kitle iletişim araçlarının en etkililerinden olan televizyon ve internet, yayımladıkları programlara ve sitelere göre çocukların dinî ve ahlaki duygu ve düşünce açısından gelişimlerini olumlu veya olumsuz yönde etkilemektedirler.

Özellikle günümüzde çocukların büyük bir ilgi ile izledikleri çizgi filmler ve oynadıkları bilgisayar oyunları ahlaki kültürümüze ve dinî inançlarımıza uygun olmalıdır. Eğer bu niteliklerde çizgi film ve bilgisayar oyunları bulamıyorsak, acilen büyük bir dikkat ve titizlikle, ahlaki kültürümüze ve dinî inançlarımıza uygun son derece cazip çizgi filimler ve bilgisayar oyunları hazırlamalıyız.

Bir Kıssa Bin Hisse: Bir Kartal Masalı

Bir zamanlar, büyük bir dağın tepesinde bir kartal yuva yapmış. Bir süre sonra kartalın dört adet yumurtası olmuş. Yumurtalar henüz kuluçka dönemlerindeyken dağda bir deprem olmuş. Yuvadaki dört yumurtadan biri, depremin şiddetiyle yuvadan düşüp, dağın tepesinden yuvarlana yuvarlana, vadideki bir çiftliğe dek ulaşmış. Bu çiftlik, bir tavuk çiftliğiymiş. Çiftlikteki tavuklar, kendi yumurtalarına pek benzemeyen bu değişik ve biraz da büyük yumurtayı sahiplenmek istemişler.

Yaşlı bir tavuk, yumurtayı koruması altına almış ve öteki yumurtalardan çıkacak yavrulardan ayırmaksızın büyütmeye karar vermiş. Günü dolup, zamanı geldiğinde yumurtanın içindeki kartal yavrusu kabuğunu kırmış ve dünyaya gelmiş.

Bir tavuk çiftliğinde bulunduğunu ve kendisinin de çevresindeki yüzlerce tavuğun arasında olduğunu görünce, kendini de tavuk sanmış ve çiftlikteki tavuklarla birlikte, o da bir tavuk gibi büyümeye başlamış.

Yalnızca o, kendisini tavuk gibi görmekle kalmıyor, çiftlikteki tüm tavuklar da onu bir tavuk olarak görüyorlar ve ona bir tavukmuş gibi davranıyorlarmış.

Zaman zaman içinden, "Ben çevremdeki tavuklara pek benzemiyorum; Acaba ben kimim?" diye geçiriyormuş ama bu kuşkusunu bir türlü dile getiremiyormuş. Ne de olsa o da bir tavukmuş ve tavuk olduğunu da bilmeli, kabul etmeliymiş.

Bir gün çiftlikte öteki tavuklarla birlikte oyun oynarken, gökyüzünde birkaç kartalın özgürce uçtuklarını görmüş. Kendini tutamamış, yüreğinde bir anda oluşuveren coşkuyla haykırmış:

"Aman Allah'ım, ne kadar güzel uçuyorlar!" demiş. "Ben de onlar gibi uçmak istiyorum."

Tavuklar, onun bu sözlerine hep birlikte gülmüşler.

"Sen bir tavuksun." demişler. "Ve şunu asla aklından çıkarma: Tavuklar, kartallar gibi uçamazlar."

Küçük kartal, o günden sonra hemen her gün gökyüzüne bakıyor ve yukarılarda uçan kartal arıyormuş gözleriyle. Bir kartal gördüğünde ise çiftlikteki öteki tavukları unutuyor, gökteki kartal gözden kayboluncaya dek büyük bir hayranlık ve özlemle, onu izliyormuş. Sonra da tüm hayranlığını ve özlemini, kartal gördüğü her zaman olduğu gibi, hep aynı sözlerle dile getiriyormuş:

"Ah keşke ben de onlar gibi uçabilsem; Ben de onlar gibi özgürce kanat açabilsem göklerde!"

O böyle konuştukça, bu kez çevresindeki tüm tavuklar da her zaman söyledikleri sözleri bir kez daha, bir kez daha yineliyorlarmış:

"Vazgeç bu düşlerinden. Sen bir tavuksun ve hep tavuk olarak kalacaksın."

Küçük kartal, çevresindeki tavukların her gün birkaç kez yineledikleri bu sözlerinden öylesine etkilenmiş ki; sonunda bir kartal gibi göklerde özgürce kanat açmak düşünden vazgeçmiş ve yaşamını bir tavuk gibi sürdürmeyi kabul etmiş. Ve bir tavuk gibi sürdürdüğü yaşamının sonunda da, bir tavuk gibi ölmüş.

Ahlak Neden Önemlidir?

Bugün Avrupa'da aile müessesi sosyal yönden son derece nazik ve kırılgan bir özellik taşıyor. Anne-babalar çocuklarını sevmelerine rağmen, kendi zevk ve eğlencelerinden hiç de kopmak istemiyorlar. Zahmetsiz ve bağımsız bir hayat istiyorlar. Günümüz düşünürlerinden Lipovetsky Batı ahlakını şöyle değerlendiriyor: "Birkaç on yıllık süre içinde, bizler ödev medeniyetinden bir sübjektif mutluluk, boş vakit ve seks kültürüne geçtik." Ve hükmünü veriyor: "Refah put oldu, reklamsa onun peygamberi." Lipovetsky'nin de dediği Batı toplumu ödevi unutmuş, hep haklar söz konusu olmaya başlamıştır. Her yerde İnsan Hakları Evrensel Beyannamesi baş tacı ediliyor, fakat her yerde insan hakları ayaklar altında çiğneniyor.

Ahlaki ödev Müslümanlar için ise vahiy kaynaklı ve değişmez olmasına rağmen maalesef bugün İslam toplumunda da durum pek farklı değil diyebiliriz. Yaşadığımız çağda sanayileşmenin getirdiği şehirleşme, Müslümanların yüzlerce yıllık geçmişinden süzüle süzüle günümüze kadar gelen manevi değerler dünyasında büyük tahribatlar meydana getirmiş, tedavisi güç yaralar açmıştır. Bugün İslam ümmetinin iç dünyasında meydana gelen bu manevi boşluğu yeniden dinin ve ahlakın yüce değerleriyle doldurmak zorundayız. Ruh ve maneviyat dünyamızda meydana gelen bu yıkımın tek tamir yolu da ahlaki görevlerimize sıkı sıkıya sarılmaktır. Yoksa Müslümanlar olarak ahlaki görevlerimizi yerine getiremezsek, neslimizi ahlaksızlığa ve makinenin acımasız kollarına teslim etmiş ve esarete itmiş oluruz.

Örneğin; bir hayvandan veya bir bitkiden bile faydalı ve yararlı diye bahsettiğimizde, doğasına uyan bir alkış ve övgüyü ona veririz. Diğer yandan, bu ikinci derece önemi olan varlıkların herhangi birinin zehirli etkisi üzerine düşündüğümüz her zaman isteksizlik duygumuz uyanır. Buğday tarlalarının ve dolgun üzüm bağlarının; otlayan atların ve koyun sürülerinin görünümü ile gözler hoşnut olur fakat aynı gözler, yaban gülleri ve böğürtlenlerin görünümünden kaçar, kurtlar ve yılanlardan korunmak için çabalarız. Öte yandan Yüce Rabbimiz bizi yeryüzünde belli erdemlerin yerine getirilmesiyle yükümlü kıldığı gibi, bu yükümlülüğü yerine getirip getirmediğimiz konusunda da bize hesap soracaktır. Bunun için de ahlaki tercihlerimize denk gelen bir yaptırımı bizlere uygulamak üzere bize bazı ahlaki görev ve sorumluluklar yüklemiştir.

Neticede hepimiz bir toplumda dünyaya geliyoruz fakat mezara yalnız giriyoruz. Bu gerçek bir yandan biz insanların tek tek içinde doğduğumuz toplumsal ortama karşı görevlerimiz olduğunu hatırlatırken diğer yandan da devredilemez biçimde yükümlü ve sorumlu olduğumuz gerçeğini vurgulamaktadır.

Soruna bu açıdan baktığımızda ahlakın bireysel ve toplumsal açıdan önemi "akıbet (sonuç)" fikrini ön plana çıkarmaktadır. Allah, *"Bir toplum kendi iç şartlarını değiştirmedikçe, Allah o toplumu değiştirmez."* (Enfâl suresi, 8:53) diye buyuruyor. Yani toplumsal ahlakın ulaştığı seviye tek tek bireylerin ahlaki tercihlerinin toplamından ibaret görülemese de bir toplumda maneviyatın kalite kazanması bireyin ahlakına bağlıdır. Şu hâlde birey kendisini ve içinde yaşadığı toplumu hangi akıbete doğru yönlendirdiğine bakmalı, attığı her ahlaki adımın içinde yaşadığı toplumdaki manevi etkilerini daima hesaba katmalıdır.

Topluma Karşı Ahlaki Sorumluluklarımız

İnsani dayanışma bir olgudur. Bu insanın kendi başına yaşayamayacağı için kaçamadığı bir kaderidir. Toplumun sosyal bütünlüğünde ahlaki değerlerin ise ayrı bir yeri vardır. Çünkü şu ana kadar insanlık tarihinde ahlaki değerleri olmayan bir toplum görülmemiştir.

Ahlak ve toplum denilince ilk akla gelen, söz konusu toplumda yaşayan insanlar arasında karşılıklı sevgi, saygı ve iyilik duygularının canlı olması; dargınlık, çekişme ve kavganın bulunmamasıdır. Maalesef her şeyin maddi ölçülere göre değerlendirildiği günümüz toplumlarında insanlığın bu ahlaki öğretilere daha çok ihtiyacı olduğu görülmektedir.

Geçmişe göre günümüz insanı daha çok şey biliyor, daha çok şeylere sahip, daha çok tüketiyor, daha hızlı ve eğlenceli yaşıyor, daha uzun ve sağlıklı bir hayat sürüyor. Bütün bunlar, günümüz insanını daha iyi ve erdemli, daha mutlu ve huzurlu hâle getirmesi gerekirken, aksine insana aslını unutturarak "insanı insanın kurdu" hâline getirmiştir.

Aldatma, hile, sahtekârlık, gösteriş, ikiyüzlülük, çifte standart normal birer davranış kalıbına dönüşmüştür. Sınırsız tüketim, haz, eğlence, cinsellik ve şiddet içeren bir kültürel ağ içerisinde çocuklarımız kendilerini bulmaya çalışmaktadırlar. Tevazu, sadelik, samimiyet, dürüstlük, çalışkanlık, fedakârlık gibi erdemler, âdeta akılsızlık ve becerisizlik kategorisine dâhil edilmiştir. Bugün maddi gelişmenin zirveye ulaştığı tüm toplumlarda, çok belirgin bir ahlak ve değerler krizi yaşanmaktadır.

Kitle imha silahlarını yok etme ve dünya düzeni ve barışı adına yapılan müdahaleler, milyonlarca insanın haksız ve suçsuz olarak imha ve katliamına yol açmıştır. Cinsel suçlar ve sapıklıklar çocukluk masumiyetini de kirletecek boyutlara ulaşmıştır. Çocuk ve kadın hakları, üzerinde çok konuşulan fakat çok az mesafe alınan bir noktadadır. Alkol ve uyuşturucu bağımlılığı ve buna bağlı suçlar ve sağlık sorunları tüm toplumların en fazla uğraştıkları konular arasındadır.

Kitle iletişim araçları vasıtasıyla aleniyet kazanan ve magazinleşen bireysel hayatlar sanal bir dünyada sanal ve sahte ilişkiler ağı içerisine insanları hapsetmektedir. Mahremiyetin tükenişi ile birlikte aile kurumu ve değerleri de büyük bir çöküşe geçmiş bulunmaktadır. Evlilik dışı yaşam biçimleri ve boşanma oranları tüm dünyada hızlı bir yükseliş göstermektedir. Tabiatın tahribi sonucu baş gösteren çevre sorunları, hayatı giderek çekilemez duruma getirmektedir.

Bu ve benzeri daha pek çok sorun karşısında Müslüman vicdanının sessiz kalması düşünülemez. Allah'ın son dininin bağlıları olarak, insanlığın karşı karşıya kaldığı sorunlara, Allah'ın Kitabı'nın ışığı altında çözüm önerileri oluşturma ve geliştirme ve bu yönde organizasyon ve çalışmalara girişme görevimiz olduğunu hatırlamamız gerekir. Bugünün şartlarında "cihadın" en başta gelen anlamının da bu olduğunu söyleyebiliriz. Bu nedenle "vasat ümmet" olarak biz Müslümanlar insanlık için çıkarılmış dinî/ahlaki "örnek" bir toplum olma sorumluluğuna sahibiz. Bu sorumluluğun içeriği iyiliğin, hidayetin, adaletin ayakta tutulması ve fesadın, sapkınlığın ve zulmün engellenmesidir (emr-i bi'l-ma'rûf ve nehy-i ani'l-münker). Bu ahlaki örnek toplumu oluşturma sorumluluğu Kur'an'da Allah yolunda malı ve canı ile gayret gösterme anlamında "cihat" olarak isimlendirilmiştir. Cihat sorumluluğu (din) siyaset, hukuk ve ekonomi de dâhil olmak üzere imkânlar dâhilinde Müslümanlar tarafından hayatın bütün alanlarında dinamik olarak ifa ve icra edilmelidir.

Bu sorumlulukların yerine getirilmesi için insanın dokunulmazlığı anlamında "temel hakları" vardır. Bu haklar geleneksel İslam fıkhında "makasıdü'ş-şerîa" olarak malın, canın, ırzın (onurun), aklın ve dinin korunması şeklinde özetlenmiştir.

Dolayısıyla din insanın, kendisi, başkaları ve Allah ile ilişkisini işleyen bir olgu olduğu gibi, ahlak da başkalarının varlığını dikkate almayı ve başkalarını da kendi varoluş düzeyinde kavramayı sağlayan içsel bir mekanizmadır. Bunun için din ve ahlak eğitiminin temel görevi, insanın kendisiyle, diğer insanlar, tüm canlı/cansız varlıklar ve bütün bunların varoluş kaynağı olan Yüce Varlık arasındaki ilişkileri düzenlemek, sağlıklı bir zemine oturtmaktır. Örneğin; seyir hâlindeki otomobil sürücüsünün yoldaki işaretlere dikkat etmesi, trafik kurallarına uyması istenir. Çünkü en ufak bir ihmal ya da dikkatsizliğin, Allah korusun, ölüm demek olduğu bilinir. Askerlikte ciddiyet ve disipline ilaveten komutanın emirlerine kayıtsız şartsız itaat gerekir. Her iş yerinin, kanun ve tüzüklerle belirlenmiş kurallara ilaveten kendine mahsus prensipleri, usul ve âdetleri vardır; çalışanların bunlara da uymaları istenir. Bütün spor dallarının kuralları önceden belirlenmiştir. Bir futbol veya voleybol maçında kuralı yanlış uygulayan hakem seyirciler tarafından yuhalanır. Çünkü o kurallar oyun disiplini açısından önemlidir. Doğru uygulanmadığı zaman oyun biter, kavga başlar. Görülüyor ki, bütün yönleri ve kesitleri ile toplum hayatı, birtakım kurallar dizisidir.

Bir iş yerinin başarısı için veya bir futbol oyununun selameti için kuralların gereğine inanıyor ve bunun önemini kabul ediyoruz da toplumun varlığı, devamı, başarısı ve gelişmesi için konmuş bulunan ahlak kurallarını nasıl önemsiz bulabiliriz? Eğer toplum vicdanında kök salmış ve hayatına mal olmuş manevi değerleri, ahlaki faziletleri yaşatamaz ve onları güçlendiremezsek, milleti de yaşatamayız. Çünkü millet demek millî kültür, millî değerler demektir. Millî ve manevi değerleri zayıflatarak, güçlü millet olunacağını zannetmek sadece hayal olur. Dolayısıyla insandan beklenen öncelikle iman etmesi, bunun ardından da söylemi pekiştiren ibadet ve ahlaki görevlerin yerine getirilmesidir. Zira inanma sırf tasdikten ibaret olmayıp, inanılan şey doğrultusunda hareket etmeyi, inancın isteklerini yerine getirmeyi gerekli kılar.

Burada sözünü ettiğimiz toplumsal sorumlulukları genel hatlarıyla iki ana başlık altında ele alabiliriz. Bunlardan biri yapmakla, diğeri de terk etmekle yükümlü olduğumuz ahlaki davranışlardır.

1) Yerine Getirmekle Yükümlü Olduğumuz Ahlaki Davranışlar

Bilindiği gibi toplum hayatı, kurallardan meydana gelmektedir. Toplum hâlinde yaşayan insanların yerine getirmek zorunda oldukları ödevleri ve kullanacakları yetkileri belirten bu ahlaki davranışlara "toplumsal kurallar" adı verilir. Toplum içinde yaşayan her bireyin ahlaken bu kurallara uyma zorunluluğu vardır. Çünkü toplumlar söz konusu kurallar yaşatıldığı müddetçe ayakta kalabilirler. Bunlardan önemli olanları şu şekilde sıralamak mümkündür:

İyiliği Teşvik Edip Kötülüğe Engel Olmak

Bu davranış tarzı, Kur'an'ın kendi üslubuyla ele aldığı toplumsal tarafı ağır basan önemli bir prensiptir. Kur'anî tabir ile emr-i bi'l-ma'rûf ve nehy-i ani'l-münker bir toplumun bağışıklık sistemi gibi çalışır ve toplumumuzu sosyal ve ahlaki çürümeden korur. Bu kurumu işletmeyen toplumlar ise helak olur. Çünkü hiçbir toplum ahlaki yapısını ayakta tutmadan ayakta kalamaz.

Kur'ân-ı Kerîm'e göre en hayırlı ümmet Hz. Muhammed (s.a.v.)'in ümmetidir. Bunun sebebi ise onların maruf emredip, münkeri nehyetmeleridir. Kur'ân-ı Kerîm'e göre marufu emretmek ve münkeri nehyetmek, müminler arasındaki dostluk ve muhabbetin bir gereğidir. Cinsiyetlerine bakmaksızın, bütün mümin erkek ve kadınlar bu sorumluluğu taşırlar. Buradan hareketle hem kadın hem erkek, bütün müminlerin sivil toplumun aktif bir üyesi olarak çevrelerinde olan bitene karşı duyarlı olmaları gerektiğini söyleyebiliriz.

Burada dikkat edilmesi gereken bir nokta da şudur: Marufu emretme ve münkeri nehyetmenin sınırları aşıp, gereksiz yere "özel hayata müdahale"ye dönüşmesi, İslam'ın yanlış temsili ve sosyal yaptırım uygulanırken şiddete başvurulmasıdır. Bu durum emr-i bi'l-ma'rûf ve nehy-i ani'l-münkerden beklenenin tam zıddı bir sonuç doğmasına yol açabilir.

Aslında marufu emredip münkerden sakındırmak İslami bir yaşam biçimidir. Böyle olunca da öncelikle nefsimizden başlamamız gerekmektedir. Nitekim Kur'an da bu hususa işaret ederek: *"Ey iman edenler! Yapmadığınız şeyleri niçin söylüyorsunuz?"* (Sâff suresi, 61:2) şeklinde bir evrensel ilke koymuştur.

Özellikle nehy-i ani'l-münker yapayım diye kötülüğe çığır açmaktan ve hazları kışkırtmaktan da sakınmamız gerekir. Çünkü bir sözü ilk söyleyen veya bir eylemi ilk defa başlatan iyi bir iş yapmışsa onun sevabını aldığı gibi o söz veya iş devam ettiği müddetçe kendisine sevap yazılmaya devam edilir. Eğer bu söz veya iş bir kötülüğü ifade ediyorsa onun günahını üstlendiği gibi o devam ettiği müddetçe de kendisine günah yazılmaya devam edilir. Bu konuda Hz. Peygamber şöyle buyurur: *"Kim söz ve eylemleriyle iyi bir çığır açarsa onun sevabını alır ve o devam ettikçe kendisine sevap yazılmaya devam edilir. Kim söz ve eylemleriyle kötü bir çığır açarsa onun günahını üstlenir ve o devam ettikçe kendisine günah yazılmaya devam edilir."* (Müslim, İlim, 15)

Hz. Peygamber bunu şöyle örneklendirir: *"Haksız yere öldürülen her insan için kardeşi Habil'i haksız yere öldürerek ilk cinayeti işleyen Kâbil hesabına bir günah yazılır. Çünkü ilk öldürme işini o başlatmıştır."* (Buhârî, Cenâiz, 32)

Enes bin Mâlik (r.a.)'dan gelen bir başka rivayette ise Resûlullah (s.a.v.) şöyle buyurmuştur: *"İnsanlardan öyleleri vardır ki, onlar hayra anahtar, şerre de kilittir. Öyleleri de vardır ki, şerre anahtar hayra kilittir. Allah'ın, ellerine hayrın anahtarlarını verdiği kimselere ne mutlu! Allah'ın, şerrin anahtarlarını ellerine verdiği kimselere de yazıklar olsun!"* (İbn Mâce, Mukaddime, 19)

Burada belirtmemiz gereken bir nokta da günümüzün en yaygın iletişim aracı olan internetteki görüntü paylaşımında mahremiyet ilkelerine riayet edilmesidir. Çünkü sanal âlem artık gerçek/maddi varlığı olan ortama dönüşmüştür. Aynı zamanda resimler zihinsel anlamda tasavvuru, hayal etmeyi beraberinde getiren bir özelliğe de sahiptir.

İnsanların hazlarını tetikleyen görüntülerden de kaçınmak gerekir. Çünkü bir eylem akla gelir, sonra sırasıyla bir müddet zihni meşgul eder, tereddüt aşamasına gelir, tereddüt gider, tercih aşamasına gelinir, karar oluşur ve eyleme geçilir.

Numân ibn Beşîr'den rivayetle Nebi (s.a.v.) şöyle buyurmuştur: *"Allah'ın çizdiği sınırları aşmayarak orada duranlarla bu sınırları aşıp ihlal edenler, bir gemiye binmek üzere kura çeken topluluğa benzerler. Onlardan bir kısmı geminin üst katına, bir kısmı da alt katına yerleşmişlerdi. Alt kattakiler su almak istediklerinde üst kattakilerin yanından geçiyorlardı. Alt katta oturanlar, 'Hissemize düşen yerden bir delik açsak, üst katımızda oturanlara eziyet vermemiş oluruz.' dediler. Şayet üstte oturanlar, bu isteklerini yerine getirmek için alttakileri serbest bırakırlarsa, hepsi birlikte batar helak olurlar. Eğer bunu önlerlerse, hem kendileri kurtulur hem de onları kurtarmış olurlar."* (Buhârî, Şirket, 6)

Nebi (s.a.v.) şöyle buyurmuştur: *"Allah, bazı insanların günahı sebebiyle umuma azap etmez. Ancak onlar kendi aralarında münkeratın işlendiğini görür de ona mâni olmaya güçleri varken mani olmazlarsa, işte o zaman azaba maruz kalırlar."* (Ebû Dâvûd, Melâhim, 17)

Emanete Riayet Etmek

Toplumsal sorumluluklarımız bağlamında yerine getirmemiz gereken davranışlardan birisi de emanete riayet etmektir. Emanete riayet etmek, her şeyden önce hem bir insanlık görevi hem de mümin olmamızın gereğidir. Çünkü emanet konusunda hassasiyet göstermemiz, muhataplarımızın güven duygusunu pekiştirecek ve insanlar arasındaki ilişkilerimizin güçlenmesine yardımcı olacaktır.

Müslümanlar olarak bu evrensel ilkeye karşı gereken titizliği gösterebilirsek, birbirine bağlı, birbirine güvenen, birbirini seven ve sayan örnek bir İslam toplumu meydana getirebiliriz. Bundan dolayıdır ki Kur'an'da: *"Müminler, emanetlerini gözeten ve sözlerini yerine getirenlerdir."* (Mü'minûn suresi, 23:8; Me'âric suresi, 70:32) buyurularak, müminlerin bir vasfının da emanete riayet etmek olduğu belirtilmektedir.

Emanete riayetin zıddı, emanete hıyanet etmek yani emaneti sahibine vermemektir. Bu ise, Peygamberimizin söylemiyle münafık olmanın bir alametidir. (Müslim, İman, 106-107)

Kur'an ayrıca, *"Allah size, emanetleri ehline vermenizi emreder."* (Nisâ suresi, 4:58) şeklinde bir ilkeyi de insanlığın düşüncesine sunarak emanete riayetin kapsamını genişletmektedir. Çünkü her hakkı hak sahibine vermek, herhangi bir görevlendirmede layık olanı tercih etmek, tanıklık etme durumunda haktan ayrılmamak vb. hususlar da emanete riayetten başka bir şey değildir. Zira emanete riayet edilmediği takdirde, toplumdaki bireyler arasında güven unsuru ortadan kalkmakta, böylece rüşvet, adam kayırma, liyakatsiz insanlara görev verme vb. hususlar toplumu içten içe kemirip yok etmektedir.

Bir Kıssa Bin Hisse: Emanetin Asıl Sahibi

İsrailoğullarının arasında ilim sahibi, çokça ibadet eden gayretli bir adam vardı. Bu adam, çok sevdiği karısı vefat edince onun ölümüne çok üzüldü; öyle ki bir odaya çekilip kapıyı arkadan kapattı, yalnızlığa çekildi, kimse yanına giremedi. Onun bu hâlini, İsrailoğullarından bir kadın işitti. Yanına gelip: "Benim onunla bir meselem var, kendisine bizzat sormam lazım!" dedi. Halk kapıdan çekildi. Kadın kapıda kalıp: "Mutlaka görüşmem lazım!" dedi. Birisi adama seslendi: "Burada bir kadın var, senden bir şeyler sormam lazım!" diyor. Herkes gitti, kapıda sadece o kadın var ve ayrılmıyor!

İçerideki adam: "Ona müsaade edin, gelsin!" dedi.

Kadın yanına girdi ve: "Sana bir şey sormak için geldim!" dedi.

Adam: "Nedir o?" deyince, kadın anlattı:

"Ben komşumdan emaneten bir gerdanlık almıştım. Onu bir müddet takındım ve emaneten kullandım. Sonra onu benden geri istediler. Bunu onlara geri vereyim mi?"

Adam: "Evet, vallahi vermelisin!" dedi.

Kadın: "Ama o epey bir zaman benim yanımda kaldı. Onu çok da sevdim." dedi.

Adam: "Bu hâl senin, kolyeyi onlara iade etmeni daha çok haklı kılıyor, zira onu emanet alalı çok zaman olmuş!" demişti ki, bu cevabı bekleyen kadın atıldı:

"Allah iyiliğini versin! Sen Allah'ın sana önce emanet edip, sonra senden geri aldığı şeye mi üzülüyorsun? O, verdiği şeye senden daha çok hak sahibi değil mi?" dedi.

Adam bu nasihat üzerine içinde bulunduğu duruma şükretti ve kendine geldi. Böylece Allah, kadının sözlerinden adamın istifade etmesini sağladı.

Verilen Söze ve Antlaşmalara Sadık Kalmak

Kur'an'ın toplumsal sorumluluklar bağlamında bireylere yüklediği önemli bir görev de verilen söze ve yapılan antlaşmalara sadık kalmak, kısacası ahde vefa göstermektir. Dostlukta ve bağlılıkta sebat etmeyi gerektiren ahde vefa her zaman önemli olmakla birlikte, insanlar arası ilişkilerin çok yoğun olduğu günümüzde daha büyük bir önem arz etmektedir.

Nitekim Kur'an bu hususu: *"Verdiğiniz her sözü yerine getirin. Çünkü verilen sözden dolayı (hesap gününde) mutlaka sorguya çekileceksiniz."* (İsrâ suresi, 17:34) ayetiyle dile getirmektedir. Kur'an ayrıca verilen sözün teyit edilmesi anlamında yapılan yeminlerin gereğinin yerine getirilmesini de istemektedir. Nitekim *"Allah sizi kasıtsız olarak yaptığınız yeminlerden dolayı sorumlu tutmaz. Ama bilerek yaptığınız yeminlerden sorumlu tutar..."* (Mâide suresi, 5:89; Bakara suresi, 2:225) ayeti bunu açıkça ifade etmektedir.

İlahî kitabımız Kur'an bir taraftan ahde vefa göstermeyi kulluğun bir gereği olarak kabul ederken, diğer taraftan da onu kurtuluşa eren müminlerin vasıfları arasında saymaktadır. Nitekim *"Yine onlar (o gerçek kurtuluşa eren müminler) emanetlerine ve ahitlerine sadakat gösterirler."* (Mü'minûn suresi, 23:8) *"O kullar, şiddeti her yere yayılmış olan bir günden korkarak verdikleri sözü yerine getirirler."* (İnsân suresi, 76:7) ayetleri bu hususu net bir şekilde ortaya koymuştur.

Yine verilen sözlerin yerine getirilmesiyle ilgili Kur'an naslarında Yüce Allah, Müslümanların gayrimüslim unsurlarla yapmış oldukları antlaşmalara –karşı tarafın antlaşma hükümlerine riayet ettiği sürece– bağlı kalmalarını ve onlara, verilen söz istikametinde uygulama yapılmasını emretmektedir.

Kur'an'ın beyanları dışında Allah Resulü (s.a.v.) de ahde vefa göstermede ümmeti için her zaman örnek davranışlar sergilemiştir. Hudeybiye Antlaşması'ndan hemen sonra, sahâbîlerin itirazlarına rağmen, kendisine sığınan Ebû Cendel'i antlaşma gereği olarak müşriklere iade etmesi, onun verdiği sözde durmasının en canlı örneklerinden biridir.

Tüm İlişkilerde Adaleti Gözetmek

Ahlak, hukuk ve dolayısıyla yönetimin en temel ilkesi adalettir. Adalet olmadığı zaman onun yerine geçen davranış biçimi "zulüm" olarak adlandırılır. Bu da bir şeyi ait olduğu yere koymamak yani haklıya hakkını vermemek veya bir kimsenin hakkını ihlal etmek anlamına gelmektedir. Kur'an zulmün her çeşidini şiddetle reddeder. Çünkü Kur'an'a göre asıl olan adalettir. Bu sebepledir ki Kur'an 27 ayetinde adalet üzerinde durmaktadır. Kur'an'ın sözünü ettiği adaletle ilgili söylemlerden bazıları şöyledir:

"Muhakkak Allah adaleti ve iyiliği emreder..." (Nahl suresi, 16:90)

"De ki: Rabbim bana adaleti emretti..." (A'râf suresi, 7:29)

"...İnsanlar arasında hüküm verdiğiniz zaman adaletle hükmedin..." (Nisâ suresi, 4:58)

"...Adaletli olun; bu, Allah'a karşı gelmekten sakınmaya daha çok yakışan (bir davranış)tır..." (Mâide suresi, 5:8)

"...Söz söylediğiniz zaman yakınlarınız dahi olsa adaletli olun..." (En'âm suresi, 6:152)

Ayrıca Hz. Peygamber'in uyması gerekli olan esaslardan söz edilirken *"...Emrolunduğun gibi dosdoğru ol. Onların keyfî isteklerine uyma. Ve de ki: Ben Allah'ın indirdiği kitaba inandım ve aranızda adaleti gerçekleştirmekle emrolundum..."* (Şûrâ suresi, 42:15) şeklinde evrensel bir prensibe de yer verilmiştir.

Allah Resulü Hz. Muhammed (s.a.v.) gerek Müslümanlar, gerekse Müslümanlarla gayrimüslim unsurlar arasındaki muamele ve hükümlerinde adaletin en güzel örneklerini vermiş; hiçbir gölgenin bulunmadığı kıyametin yakıcı hengâmesinde arşın ferahlatıcı gölgesinden istifade edecek yedi sınıf insanı sayarken, bunlar içerisinde en başta, "adaletli davranan idareci"yi zikretmiştir (Buhârî, Ezân, 36). Ayrıca cennet ehlini üç gruba ayırdığı bir hadisinde de adaletle muamelede bulunan iktidar ve güç sahibi insanları aynı şekilde ilk sıraya koymuştur. (Müslim, Cennet, 63)

Böyle olunca özellikle inanan insanın adalet gibi toplumlar için olmazsa olmaz değerinde önemli bir prensibi göz ardı ederek, zulme yani başkalarının haklarını ihlale meyletmesi nasıl düşünülebilir? Bu gayriahlaki olmaktan öte *"adaleti gözetin"* ilahî düsturuna uymamaktan dolayı Allah'a ve hakkın çiğnenmesinden dolayı da bireylere karşı haksızlık anlamını ifade eder ki, bunun ahiretteki cezası da daha büyüktür. İşte Kur'an'ın, Hz. Peygamber'in ve İslam düşünürlerinin daha çok üzerinde durdukları nokta budur.

Toplumsal Barışa Katkı Sağlamak

Toplumsal anlaşmazlıkların ortaya çıkması durumunda üçüncü şahısların araya girerek barışı sağlama görevi yapmaları, ihmal edilmemesi gereken insani sorumluluklarımızdandır. Kur'an'da bu sorumluluğa dikkat çekilerek barış sağlanması gereken toplumsal anlaşmazlıklar üç kategoride değerlendirmiştir:

Birebir İlişkiler Arasında Anlaşmazlıklar: Kişiler arasındaki anlaşmazlığın giderilmesinin emredildiği ayette: *"Müminler ancak kardeştirler, öyleyse kardeşlerinizin arasını düzeltiniz!"* (Hucurât suresi, 49:10) buyurulmaktadır. Böyle bir durum karşısında anlaşmazlığa düşen kişilerin arasını bulup anlaşmalarını sağlamak üçüncü kişilerin görevidir. Bunu da müminler kardeşlik anlayışı içinde (içten, samimi ve adil bir şekilde) yapacaklardır. Ancak anlaşmazlıkları giderip insanların arasını düzeltmek herkesin her zaman kolaylıkla başarabileceği bir iş değildir. Bu konuda insanlar bilgili, olgun ve saygın kişiler ararlar ve onlara daha çok güven duyarlar. Topluma önderlik ve rehberlik etme konumundaki din görevlilerinin bu hususta hazırlıklı olmaları, her türlü anlaşmazlığı giderebilecek bilgi ve donanıma sahip olmaları gerekmektedir.

Ailede Eşler Arasında Meydana Gelen Anlaşmazlıklar: Eşler arasında da zaman içinde ihtilaflar, ayrılığa kadar götürecek anlaşmazlıklar çıkabilmektedir. Onlar farklı özelliklere, karakter ve kabiliyetlere sahip kişiler olarak birlikte yaşamaya karar verip evlenmiş aile olmuşlardır. Şüphesiz ki evlenmiş olmaları farklılıklarını ortadan kaldırdıkları anlamına gelmemektedir. Bu yüzden de bazı meselelerde farklı düşünmeleri, farklı hissiyat ve beklentiler içinde olmaları normaldir. Bu da onların bazen anlaşmazlığa düşmeleri, kimi zaman anlaşmazlığı ileri götürüp ayrılma boyutuna kadar taşımaları sonucunu getirmektedir.

Allah Teâla Kur'an'da: *"Eğer karı-kocanın arasının açılmasından endişe ederseniz, erkeğin ailesinden bir hakem, kadının ailesinden bir hakem gönderin. İki taraf (arayı) düzeltmek isterlerse, Allah da onları uzlaştırır."* (Nisâ suresi, 4:35) buyurarak tarafların yakınlarının bu duruma seyirci kalmamalarını, onların arasını düzeltmek için hakemlik yapmalarını emretmiştir.

Öte yandan toplumun bazı kesimlerindeki ailelerde eskiden kalma bazı yanlış âdet ve geleneklerin sürdürülmesi insanların acı çekmelerine ailelerin parçalanmasına yol açmaktadır. Kız kaçırma, kaçan kızın öldürülmek istenmesi, kızları istemedikleri kişilerle evlendirme, kız çocuğunu okutmama, kadınları evden dışarı çıkarmama gibi âdetlerin düzeltilmesi toplumsal barışa katkı sağlayacaktır.

İki İnsan Grubu Arasında Meydana Gelen Anlaşmazlıklar: Akrabalar, kabileler, zümreler şeklindeki insan grupları arasında da anlaşmazlıklar çıkabilmektedir. Çok kimsenin katıldığı ve taraf olduğu anlaşmazlıkların önüne geçilmediği takdirde baş gösteren anlaşmazlıkların zıtlaşmalara, düşmanlıklara ve çatışmalara kadar gidebildiği görülmektedir. İslam toplumu içinde bu tür çatışmaların meydana gelmesi hiç arzu edilmeyen, ortaya çıktığında da mutlaka önlenmesi gereken bir durumdur. Kur'an'da bu konuya dikkat çekilerek, *"Eğer müminlerden iki grup birbirleriyle savaşırlarsa aralarını düzeltin."* (Hûcurât suresi, 49:9) diye emredilir. Bu ayetin yoruma gerek duyulmayacak şekilde mutlak bir anlam ifade etmesi, anlaşmazlığı giderebilecek yetkinlikteki kimseler için bunun bir farzı ayın mesabesinde olduğunu göstermektedir.

Gruplar arasındaki çatışmayı sona erdirip barışı sağlamayı herkes başaramayabilir. Uzlaştırma işini Allah ve Resulünün emirleri çerçevesinde ancak dinî konularda bilgili kimseler başarabilir. Hatta dinî yönden bilgili olmak da yeterli olmayabilir, insanların arasını bulup barışı sağlayacak beceri ve olgunluğa sahip olmak da gerekir.

İnsanlara Yardım Etmek

Müslümanların zekât ve sadaka şeklinde infakta bulunması, bir yoksulu, bir yetimi giydirip barındırması maddi anlamda yardımdır. Yakınlarına her konuda yardım elini uzatması, güler yüz ve tatlı sözle onlara karış muamelede bulunması, hasta ve yaşlı kimseleri ziyaret ederek onların dertlerine çözüm getirmesi, cadde ve sokaklarda çarşı ve pazarlarda insanlara eziyet veren olumsuzlukları ortadan kaldırması da manevi anlamda bir yardımdır. Bunun içindir ki Kur'an, *"(Ey İman edenler!)... günah işlemekte ve düşmanlıkta yardımlaşmayın, iyilik ve takva üzerinde yardımlaşın..."* (Mâide suresi, 5:2) ilahî prensibi ile toplumun temelini yardımlaşma üzerine kurmuş ve insanlara, onların faydasına işler yapmayı ve iyilikte yardımlaşmayı emretmiştir.

Her zaman iyilikten, güzellikten ve yardımlaşmadan yana tavır alan Kur'an, kendilerine yardım edilecek kimseler içinde önceliği anne ve babaya vermektedir. Kur'an'da bu konu takdim edilirken kullanılan; *"Allah ana babanıza iyi davranmanızı emretti."* (En'âm suresi, 6:151; İsrâ suresi, 17:23-24; Lokman suresi, 31:14) *"Biz insana, ana-babasına iyilik etmesini tavsiye ettik. Annesi onu zahmetle taşıdı ve zahmetle doğurdu. Taşınması ile sütten kesilmesi, otuz ay sürer."* (Ahkâf suresi, 46:15) ifadeleri ile özellikle annenin, çektiği sıkıntılara karşılık, iyilik edilmeye namzet en önemli varlık olduğuna dikkat çekilmektedir.

Kur'an bir başka ayetinde de, *"Allah'a ibadet edin ve Ona hiçbir şeyi ortak koşmayın. Ana-babaya, akrabaya, yetimlere, yoksullara, yakın komşuya, uzak komşuya, yakın arkadaşa, yolcuya, ellerinizin altında bulunanlara (köle, cariye, hizmetçi vb.) iyi davranın; Allah kendini beğenen ve daima böbürlenip duran kimseyi sevmez."* (Nisâ suresi, 4:36) şeklinde ifadesiyle ana-baba ile birlikte, diğer insanlara da iyi davranılmasını, yardım edilmesini istemektedir.

Kısacası, insanlara yardım etmek ve yardımlaşmak fert ve toplumun refah içerisinde yaşamasının temel dinamiklerinden biridir. Bu da hiç kuşkusuz yardım etme bilincini yakalamakla; Allah'a, aileye, çevreye ve topluma karşı sorumluluklarımızı yerine getirmekle ve fıtratımızda yer alan sevgi, hoşgörü, yardımlaşma gibi yüce duyguları her zaman canlı tutarak ilahî iradeye uygun bir şekilde hareket etmemizle mümkün olacaktır.

2) Terk Etmekle Yükümlü Olduğumuz Ahlaki Davranışlar

Kur'an toplum fertlerini birbirine yaklaştıran, onları sevgi bağlarıyla birbirine bağlayan, aralarında iyiliğe, güzelliğe ve hoşgörüye dayalı ilişkiler ağı oluşturan temel sorumluluk ilkelerine uyulmasını tavsiye eder. Bununla birlikte insanlar arasında ayrılık, kin, nefret ve düşmanlık meydana getirecek davranışları asla tasvip etmez. Çünkü bu tür davranışlar, sosyal ahlak bilincini olumsuz yönde etkilemektedir. Bu yüzden terk etmekle yükümlü olduğumuz bu tür ahlaki davranışlara karşı, pek çok sosyal ahlaki prensipten söz edilebilir. Ancak biz bunları maneviyat bölümünde ele almak istiyoruz. Sonuç olarak toplum hâlinde yaşayan insanlar, yerine getirmek zorunda oldukları ahlaki görev ve sorumluluklar konusunda hassasiyet göstererek bunların gereklerini yaptıklarında toplumda ahlakın, adaletin, kısacası düzenin korunması mümkün olabilir.

Aile Fertlerinin Ahlaki Sorumlulukları

Geçmişten zamanımıza değin sürüp gelmiş kurumlar içinde, bugün aile kadar bozulmuş olanı yoktur. Ana-babaların çocuklara, çocukların ana-babalara karşı sevgisi mutluluğun en büyük kaynaklarından biri olabilir; ama bugün gerçek şudur ki, ana-babalar ile çocuklar arasındaki ilişkiler mutsuzluk kaynağıdır. Büyükler, çocukları ile mutlu ilişkiler kurmak, ya da onlara mutlu bir yaşam hazırlamak istiyorlarsa, annelik ve babalık konusunu iyiden iyiye incelemeli, inceledikten sonra da akıllıca davranmalıdırlar.

Bugün toplumumuzda gözlemlediğimiz aile sorunlarının çoğunun; aile içi şiddete, şiddetli geçimsizliğe, ahlaki zafiyete, eğitim eksikliğine; sorumluluk bilinci, sevgi ve hoşgörü noksanlığına, aşırı bireysellik ve buna bağlı olarak bağımsızlık talebine ve kültürel kimlik problemine dayandığını söylemek mümkündür. Dindar kesimde bunlara kısmen dinin bazı yönlerinin yanlış yorumlanmasını ve dinin verdiği bazı hakların farklı bir söylemle abartılı biçimde talep edilmesini de ekleyebiliriz.

Günümüzde bir diğer problem ise, birbirini yeterince tanımadan gerçekleştirilen internet evlilikleri ve televizyonlardaki evlendirme programlarıdır. Müftülüklere gelen soruların bir kısmı; resmî nikâh olmadan dinî nikâh yapmanın, büyüklerin elini öpmenin caiz olup olmadığı, kayınpeder ve kayınvalideye bakma zorunluluğunun bulunup bulunmadığı ve mehir konularına aittir. Durum böyle olunca, buradan, halkımızın bu konulara dair bilgi eksikliği yanında, bu konuların öğretiminde ve yorumlanmasında da bir problem olduğu ve bu problemin toplumda ahlaki ve hukuki sorunlara yol açtığı anlaşılmaktadır.

Kur'an'a Göre Aile İlişkilerimiz

Kur'an'ı incelediğimizde, oluşturduğu genel ahlak anlayışı ve genel ahlak ilkelerine ilaveten, aile ile ilgili ayetleri dört başlık altında değerlendirmek mümkündür:

Anneye-Babaya Saygı

İnsanın varlığının esas sebebi Cenâb-ı Hak, görünen sebebi ise, ana ve babadır. Çocuğu meydana getiren, her türlü ihtiyaçlarını karşılayan, terbiye eden, büyümesine ve gelişmesine yardımcı olan, ruhunu güzelleştiren ve hareketlerini düzenleyen ana ve babadır. Çeşitli sıkıntılara katlanarak, her çeşit ihtiyaçlarını gece gündüz demeden, yorulmadan karşılayan, hatta kendisine evladını tercih eden yine ana ve babadır. Bu nedenle ailede saygıya en layık olanlar, anneler ve babalardır. Kur'an ebeveynin (anne-baba ve dede-nine) aile içinde kalmasını, ailenin bir parçası olarak diğer aile bireyleri ile birlikte yaşamasını istemektedir: *"Rabbin, yalnız kendisine ibadet etmenizi ve ana-babaya da iyi davranmanızı kesin bir şekilde emretti. Onlardan biri veya her ikisi, senin yanında yaşlanırsa, kendilerine 'of!' bile deme. Onları azarlama. İkisine de güzel söz söyle. Onları esirgeyerek alçak gönüllülükle üzerlerini kanat ger ve 'Rabbim! Küçüklüğümde onlar beni nasıl yetiştirmişlerse, şimdi de sen onlara (öyle) rahmet et!' diyerek dua et."* (İsrâ suresi, 17:23-24)

Maalesef günümüzde ebeveyn (yerine göre anne-baba, yerine göre dede-nine) ailenin dışına itmiştir. Bu, son derece gayriahlaki bir uygulamadır. Şurası da bir gerçektir ki, anne ve babayı yaşlılıklarında ailenin içinde tutmak, sabır gibi ahlaki bir olgunluğa, vefa ve minnettarlık gibi ahlaki erdemlere sahip olmayı gerektirir.

Bir Kıssa Bin Hisse: Plastik Tabak

İhtiyar marangoz iyice yaşlanmıştı. Gözlerinde fer, parmaklarında derman kalmamıştı. Elleri titrediği için kaşığı tutamıyor, yemeği sofra örtüsüne döküyordu. Oğlu ile gelini dikkatli davranmıyor diye ona kızıyorlardı. Hele yemeğin çenesinden aşağı sızması onları çok rahatsız ediyordu.

Sonunda ihtiyarın sofrasını ayırdılar. Kendileri masada yerken ona yer sofrası hazırladılar. Küçük torunu Hasan, dedesinin durumuna çok üzülüyor; yemek yerken onun kolundan tutarak dökmeden yemesine yardım ediyordu.

Bir gün yaşlı adam, ıslak gözleriyle masadakileri seyrederken elindeki yemek tabağını düşürüp kırdı. Buna daha çok öfkelendiler. Kalbini kıracak sözler söylediler. Yemeğini plastik tabakla vermeye başladılar.

Bir gün ihtiyar marangozun oğlu, karısına meyveleri plastik tabağa koymamasını söyledi ve hanımına: "Bu plastik tabakları kaldırıp atmanı istiyorum!" dedi. Hasan plastik tabaklardan ikisini ayırarak: "Bunları atma anne, ileride lazım olacak!" dedi. Babası merakla sordu: "Ne yapacaksın onları?"

Hasan şunları söyledi: "Yaşlandığınız zaman size bu kaplarla yemek vereceğim." Hasan'ın babası ile annesi ihtiyar adama yaptıklarına çok utandılar. Onu tekrar sofraya aldılar.

Marangozun oğlu ile gelini, insanı cennete götürecek en iyi şeyin ana-babaya iyilik etmek olduğunu bilselerdi herhâlde böyle davranmazlardı. Peygamber Efendimiz ne güzel buyurmuş: *"Allah'ın rızası anne-babayı memnun etmekle kazanılır. Allah'ın gazabı, anne-babayı öfkelendirmekle çekilir."* (Tirmizî, Birr, 3)

Eşlerin Birbirine Karşı Görev ve Sorumlulukları

İnsanın cinsel arzularını karşılaması için, dinimiz İslam birtakım şartlar ve sınırlar koymuş, bu arzuların meşru bir biçimde gerçekleştirilmesi ve insan neslinin safiyetini koruyabilmesi için evliliği bir zorunluluk olarak görmüş, ayrıca evliliği kolaylaştırmayı tavsiye etmiştir.

Bu tavsiyeleri göz önüne alarak, evlilik ve aile kurma konusunda gençlerimiz Anadolu tabiriyle ince eleyip sık dokumalıdırlar. Salih ve saliha eş bulmak ve hayırlı evlatlar yetiştirmek gayesi içinde olmalıdırlar. Çünkü aile birtakım değerler doğrultusunda kurulan ve ancak bu değerlerle yaşayan bir kurumdur. Dolayısıyla toplumun hücresi olan aile, bu anlamda ahlak mektebidir diyebiliriz.

Kur'ân-ı Kerîm'in bize evlilikle ilgili öğrettiği bir dua da oldukça dikkat çekicidir: *"(Ve o kullar): Rabbimiz! Bize gözümüzü aydınlatacak eşler ve zürriyetler bağışla ve bizi takva sahiplerine önder kıl! derler"* (Furkân suresi, 25:74) Ayetin sonu *"Bizi takva sahiplerine önder kıl!"* şeklinde bitmektedir. Bu ifadeden, tıpkı diğer ibadetler gibi evliliğin de amacının "takva" olduğu anlaşılmaktadır.

Buna göre kadın ve erkek, aile hayatında birbirinin eksiğini gideren, birbirini günahtan koruyan, biyolojik anlamda olduğu gibi, psikolojik ve ahlaki açıdan da birbirini tamamlayan iki cins olarak görülür. Kur'an bunu şöyle ifade eder: *"Onlar sizin için birer elbise, siz de onlar için birer elbisesiniz."* (Bakara suresi, 2:187) Özellikle dinimiz İslam, ailenin sağlam temeller üzerine kurulması için namus ve iffete özel vurgu yapmış, zinayı ve ona götürebilecek davranışları da yasaklamıştır.

Kur'an, ailede eşler arasındaki sevginin, huzur ve mutluluğun kaynağının "Allah" olduğunu belirtir: *"İçinizden, kendileriyle huzura kavuşacağınız eşler yaratıp, aranızda sevgi ve rahmet var etmesi, Onun (varlığının ve büyüklüğünün) belgelerindendir. Bunlarda, düşünen bir toplum için dersler vardır."* (Rûm suresi, 30:21)

Ayette sevgi anlamında kullanılan kelime *"meveddet"*tir. Meveddetin eşler arasında muhabbete dönüştürülmesi, doğruluk, karşılıklı saygı, hoşgörü, yardımlaşma, namus ve iffet, sadakat ve vefa, paylaşım, sorumluluk bilinci, samimiyet ve iyi niyet... gibi ahlaki değerlere dayanır. Zaten bunlar, ailenin üzerine kurulduğu ve varlığını borçlu olduğu değerlerdir.

Hz. Peygamber (s.a.v.) eş olarak iyi kadınları tarif ederken: *"Yüzüne baktığında için açılır; bir ricada bulunduğun zaman seni kırmaz; yanında bulunmadığında her şeyini kutsal bir emanet olarak korur."* (İbn Mâce, Nikâh, 5) diye buyurmuş; eş olarak iyi erkekler hakkında ise; *"Kadınlara ancak iyi olanlar saygı, sevgi ve ilgi gösterir. Onlara ancak kötü kimseler kötü davranır."* (İbn Mâce, Nikâh, 6) diye bildirmiştir. Demek ki eşlerin birbirlerine; karşılıklı saygı, sevgi ve ilgi göstermeleri dinimizin bize bir emridir.

Bazen insanlar, eşleri ile ana-babaları arasında kalırlar. Bir kimse eşi ile ana-babası arasında kalırsa ne yapar? Elbette ki ana-babasının eşi hakkındaki düşünce ve sözlerini dikkatle değerlendirecektir. Ama bu değerlendirmeyi dostça yapacaktır. Bilindiği gibi, kişinin ana-babasına karşı ödev ve sorumlulukları ayrıdır; eşine karşı ödev ve sorumlulukları ayrı! Bu arada, ana-baba da eşler arasına, öyle, sorumsuz bir şekilde girmekten sakınacaktır. Bilecektir ki karı-koca arasına soğukluk sokmak ve geçimsizliğe yol açmak, şeytan işidir.

Kısaca, karı-koca birbirlerini en yakın dost bilecek; başta ana-babaları, diğer dostluk ve yakınlıklar ile kendi aralarındaki dostluk ve yakınlığı karıştırmayacaktır.

Sevgi, saygı ve anlayışın devamı için ellerinden geleni yapacaklardır. Eşler, bütün bunları düşünmeli ve birbirine en yakın iki dost oldukları, olmaları gerektiği bilinci ile birbirini sevmeli ve saymalıdır. Eşinde gördüğü bir eksikliği, ya dostça gidermeye çalışmalı yahut ona dostça katlanmalıdır. Çünkü evlilik, ömür boyu beraber yaşama kararıdır. Ancak hayat tekdüze değildir. Zaman zaman sıkıntılar da yaşanabilir. Bu sıkıntılar, karşılıklı gayret ve fedakârlıklarla aşılabilir. Bazı olumsuz şartlarda bile hayatı yaşanabilir hâle getirmek eşlerin elindedir.

Çocuklara Karşı Sorumluluklarımız

Aile aynı zamanda küçük bir eğitim yuvasıdır. Çocuk ilk bilgileri aile yuvasında alır. Bilgisi yanında kişiliği de ailede oluşur ve gelişir. Anne bebeğini uyuturken söylediği ninnilerle bile, bir yandan yavrusuna sevgi ve şefkatini yansıtırken, öte yandan da ona, tertemiz ruhunda iz bırakacak güzel duygular verir. Dolayısıyla çocuğun sağlam bir karakter kazanması, gelişip yetişmesi, sonra da hayata hazırlanmasında ailenin önemi büyüktür.

Kur'ân-ı Kerîm, çocukları *"dünya hayatının süsü"* (Kehf suresi, 18:46) olarak görür ve onların anne-baba için bir *"imtihan"* (Tegâbün suresi, 64:15) vesilesi olduğunu bildirir. Şu ayet de evde aile bireylerine karşı sorumluluğumuzun ne kadar büyük olduğunu ifade eder: *"Ey iman edenler! Kendinizi ve ailenizi o ateşten koruyun ki onun yakıtı insanlar ve taşlardır."* (Tahrîm suresi, 33:6)

Bu ayetler çocuklarımızın bize imtihan için verildiğini, onlara karşı sorumluluklarımızı yerine getirememenin vebalinin büyük olduğunu belirtir. Bundan dolayı, onları sevmek, dünya ve ahiret tehlikelerinden korumak, onlara değer vermek, bir emanet ve imtihan vesilesi gözüyle bakmak, eğitimleriyle ilgilenerek iyi yetişmelerini sağlamak annelik-babalık görevimizdir.

Yusuf Has Hacib'in yazmış olduğu *Kutadgu Bilig* adlı Türkçe, Uygur yazısı ile manzum eserde babanın çocuğuna karşı görev sorumlulukları şöyle dile getirilmiştir:

"Baba, oğlunun yetişmesi için emek verirse
Oğlu o terbiye altında iyi yetişebilir.
Baba çocuğunu sıkı bir terbiye altında yetiştirirse
Annesi, babası bundan mutluluk duyar.
Eğer onu sıkı terbiye ile yetiştirecek biri bulunmazsa
O çocuk heder olur, artık ondan ümidi kes.
Kimin çocukları naz içinde yetiştirilirse
Ona ağlamak düşer, keder onun alın yazısıdır.
Baba çocuğunu küçüklüğünde başıboş bırakırsa
Kabahat ve suç çocukta değil, babadadır.
Çocukların tavrı kötü ise bunu baba yapmıştır.
Çocuğu iyi olmaktan mahrum eden odur.
Baba çocuğuna sıkı terbiye ile her şeyi öğretirse
Çocuk yetişip büyüyünce sevinir.
Çocuklara fazilet ve bilgi öğretmeli
Böylece iyi ve güzel yetişirler."

Bu görev sorumlulukları çocuklarımıza güzel bir isim koymak, onlara din ve ahlak kurallarını, toplumun örf ve âdetlerini öğretmek, onu çağın gerektirdiği bilgilerle donatmak, maddi ve manevi ihtiyaçlarını karşılamak, şeklinde özetleyebiliriz.

Akraba İlişkileri

Kur'an'da, müminin, akrabalarına yakınlık göstermesi, onları görüp gözetmesi ve iyilik yaparken onlara öncelik vermesi, ahlaki bir yükümlülük olarak karşımıza çıkar. Akrabalık bağının ve akrabalarla ilişkinin önemini dile getiren ayetlerden biri şöyledir: *"Allah'a ibadet edin ve Ona hiçbir şeyi ortak koşmayın. Ana-babaya, akrabaya, yetimlere, yoksullara, yakın komşuya, uzak komşuya, yanınızdaki arkadaşa, yolcuya, elinizin altındakilere iyilik edin. Şüphesiz Allah, kibirlenen ve övünen kimseleri sevmez."* (Nisâ suresi, 4:36) Burada ana-baba ile başlayıp, akraba ve komşularla, arkadaşlarla, yetim ve yoksullarla... genişleyen ilişkiler halkası dikkatimizi çekmektedir.

Peygamberimiz (s.a.v.) de aile yaşantısında iyi bir eş, iyi bir baba olmakla beraber, akraba ilişkilerini de canlı tutmuş; teyzeyi anne; amca ve dayıyı baba yerinde görmüş, onlara ona göre değer vermemizi istemiştir. (Buhârî, Sulh, 6) Ayrıca akrabalık bağlarını koparan kimsenin cennete giremeyeceğini ifade etmiştir. (Müslim, Birr, 17, 18)

Görüldüğü üzere Kur'an, ailedeki sevgi, saygı ve sorumluluk bilincini akraba, yakın ve uzak çevreye de yayarak, sağlam bir toplumsal yapıyı oluşturmayı hedeflemiştir. Bu nedenle bugün çağdaş İslam toplumunda yaşanan aile sorunlarının temelinde, İslam'ı ve onun ahlak değerlerini içselleştirme sorununun yattığını söyleyebiliriz.

Çalışma Hayatımızda Ahlaki Sorumluluklarımız

İnsanın, kendisinin ve ailesinin geçimini sağlayacak bir işle meşgul olmasına "çalışma" denir. Çalışma ahlakı ise, genel olarak "Ekonomik faaliyetleri yürütürken dürüstlük, güven, saygı, adaletli davranmayı ilke edinmek ve topluma destek olacak şekilde hareket etmektir." şeklinde tanımlanabilir.

Dinimiz İslam çalışmaya büyük önem vermiştir. Çalışan, gücü oranında bir şeyler üretmekte, alnının teri ile kazanmaktadır. Tembellik ise yoksulluğu ve başkasına muhtaç olma sonucunu doğurur.

İslam kültüründe çalışma aynı zamanda bir ibadet olarak da algılanır. Kur'an'a göre kişinin çalışması, ahiret hayatını kazanmaya yönelik olunca bir anlam kazanır ve ancak o zaman Allah katında şükranla karşılanır. İnsanın elde ettiği mülkün gerçek sahibi sadece Allah'tır ve *"Allah müminlerden, mallarını ve canlarını, kendilerine (verilecek) cennet karşılığında satın almıştır."* (Yûnus suresi, 10:55) Böyle bir bilinci taşımak kaydıyla mal ve servet edinmek için çalışılmalı, fakat mal ve servet bizatihi amaç edinilmemelidir. Dolayısıyla çalışmalıyız, fakat elde ettiğimiz nasibimizi, büyük bir kibir içinde, "Ben bu serveti kendi bilgim ve becerimle kazandım." diyen Karun gibi, kendimizden bilmemeli, bunun "Allah'ın bir lütfu" olduğu bilincini taşımalı ve servetimizi, toplum yararına istihdam etmeliyiz. Aksi takdirde bireysel ve toplumsal sorumluluklarını yerine getirmeyerek kibirlenen kimselere *"semanın kapıları açılmayacak"* ve onlar *"deve iğne deliğinden geçinceye kadar cennete giremeyeceklerdir."* (A'râf suresi, 7:40)

Dolayısıyla edinilen mal ve servetler, insanı Rabbinden alıkoymamalı; "kibir ve gurur metaı, çokluk yarışı" değil, aksine hakları ihlal edilenlerin ve zayıf olanların korunacağı adil bir toplum yaratılmasının aracı olmalıdır. Bu da çalışma hayatımızda dengeli bir hayat yaşamamızı ve ihsan ahlakına sahip olmamızı gerektirir.

Çalışmada Orta Yol ve Dengeli Hayat

İslam'da hâkim ana kurum dindir. İnsanın ekonomik hayatını devam ettirebilmesi bu alanda ortaya çıkabilecek yeni sorunları dinî ve ahlaki alanda ihtiras, öfke ve hırsın kontrolü ile "orta yol/denge" hâlinde çözmesi beklenir.

Kur'an'da *"Dünyadan da nasibini unutma!"* (Kasas suresi, 28:77) ifadesi bir defa geçtiği hâlde, dünya malı ve hayatının geçiciliğine, oyun-eğlence, süs-ziynet ve bir övünme aracı, aldatıcı bir geçimlik oluşuna ve servetin toplumsal yarar için kullanılması gerektiğine defalarca atıf yapılır. Bununla birlikte iktisat endişesinin, ahlak davasını bazen unutturururcasına gölgelediği bedbaht bir devirdeyiz. Bu hâlin sebebi, sadece hayatın mücadele sahnesinde, makinenin yanında insanın çok küçülmüş olması değil, aynı zamanda nefsî istek ve arzuların da çok fazla artmış bulunmasıdır. Bu nedenle, maddeye, paraya, servete karşı zaten bir zafiyeti olan biz insanoğlu arzularımızı sınırlamak, bir dengede tutmak mecburiyetindeyiz. Peygamber Efendimiz: *"İşlerin en hayırlısı az olsa bile devamlı olanıdır."* (İbn Mâce, Zühd, 28) buyurarak servet üretmede olduğu kadar çalışmada da aşırılığı (ifrat ve tefrit) değil, itidali, yani orta yolu teşvik eder.

Çalışmada aşırılık, beden ve ruh sağlığımız kadar, aile hayatımızı da tehlikeye sokmaktadır. Çok kazanç ve daha fazla refah bizi mutlu etmeye yetmiyor. Mutluluğu sağlayan en önemli etkenler, şükür ve ibadet gibi manevi etkinliklerimiz ile başta aile yaşantısı olmak üzere, diğer yakın sosyal ilişkilerimizdir. Yani iş ve hayatımız arasında sağlanacak anlamlı denge ile işimizi en güzel şekilde yapmak ancak bizi mutluluğa kavuşturabilir.

İşin En Güzel ve Mükemmel Bir Şekilde Yapılması (İhsan Ahlakı)

İhsan yaptığı iş ne olursa olsun en doğru ve en güzel biçimde yapmayı ve her davranışında güzel davranmayı ifade eder. Ahlak, davranışlar ve iş ahlakı bakımından ise kelimenin anlamı; kendi kişiliği ve kimliğini, sergilediği davranışlarında ve yaptığı işte görerek, kişiliğini güzelleştirmek için davranışlarını mükemmelleştirmek ve yaptığı işte maharetli, en iyi yapan, en güzel yapan olmaktır.

İhsan sıradan bir güzellik değildir. O daha da güzel olanı ifade eder. Daha iyi davranmak, daha mükemmel yapmak, daha fazla iyilikle karşılık vermek ihsanı, güzel davranışı açıklayan diğer kavramlardan ayırmaktadır. Çünkü yaptığı her şeyi güzel, eksiksiz ve mükemmel yapma alışkanlığı iş ve davranışlarında kaliteyi ön plâna çıkarmaktadır. Bu anlamda ihsan; kişinin davranışlarında ölçülü olmak, insanların kötü sözlerine karşı üzülmemek, kendi nefsi için istediğini işi ve iş yerindeki diğer çalışanlar için istemek, işi vaktinde yapmak ve sadece sözleşmeden doğan iş görme borcunu ifa etmekten öteye giderek işi tam ve doğru, en güzel biçimde yapmaktır.

Bununla birlikte modern ekonominin kârı maksimize etmek tabiri, dinî, felsefi veya ahlaki açıdan kategorik anlamda yanlış olmaması gerekir. Zaten dinî ve felsefi ahlakın ya da genel anlamda iş ahlakının istediği de bu en üst düzeye çıkarma sürecinde, ahlaki şartları da en az minimum düzeyde gözetmek ve yerine getirmektir. Arzu edilen ve ideal olan ise, hem ahlaki değerlerde hem de ekonomik çabalarda maksimum düzeyi yakalamak ve ahenkli bir denge içinde sonuna dek sürdürmektir.

Bir Kıssa Bin Hisse: Nasırlı Eller

"Yıl 1971... Bir bahar günü, otobüsle Düzce'den şehir dışına gidiyordum. Bir durakta adamın biri içeri girdi, selam verip yanıma oturdu. Adam, benden iki misli yaşlı görünüyordu. Ben ise yirmi üç yaşlarında bir talebeydim.

Kısa bir sohbetten sonra, kendisinin çiftçilikle uğraşan çalışkan bir köylü olduğunu anladım. Çok samimi bir hâli vardı. İlk defa görüşmemize rağmen, kırk yıllık ahbap gibi sohbet ediyorduk.

Bu arada onun bir hâli dikkatimi çekti. Ellerinin içini hep kapalı tutuyor, benden gizlemeye çalışıyordu. Bunu anladığımı fark edince de duramadı, sebebini açıkladı: 'Kusura bakmayın. Ellerimi göstermeye utanıyorum. Biz tarla toprak işlerinde çalışıyoruz. Kökleri, otları ve dikenleri yoluyoruz. Ellerimiz de böyle nasır bağlıyor.'

Ellerini açıp gösterdi. Hayatta böyle bir el görmemiştim, bir daha da görmedim! Ellerinin içi, parmak uçlarına kadar neredeyse bir santim uzunluğunda, kapkara ve diken kökü gibi nasır uzantılarıyla kaplıydı.

Bu çilekeş adama dedim ki: 'Siz bu ellerle değil utanmak, iftihar etmelisiniz. Çünkü medeniyetler varlığını bu ellere borçludur. Eğer nasırlı eller olmasaydı ne gemiler yüzer ne uçaklar uçar, ne de şu otobüs yürürdü. O eller olmasaydı ekinler ekilmez, mahsuller biçilmez, insanlar yiyecek ekmek bulamazdı. Nasırlı eller, medeniyetlerin mimarı şerefli ellerdir.'

O ellerin sahibi, bu sözlerden son derece memnun kaldı ve rahatladı. Bana tekrar tekrar dualar ve teşekkürler etti. Nihayet kavşakta ineceğim sırada, saygıyla elimi öpmeye kalktı. Fakat ben ondan önce davrandım; o nasırlı elleri öptüm ve arabadan indim."

(Özcan, Yusuf Yavuz, Tarih Çeşmesinden Binbir Damla, Hâcegân Yayınları, İstanbul 2012, s. 421-422)

Nasıl Güzel Ahlak Sahibi Olunur?

Kur'an'ın tümü tarandığı zaman onlarca ayette değişik bağlamlarda ahlaki ilkelerin anlatıldığı görülecektir. Bazen peş peşe gelen birden fazla ayette, bazen de bir ayette özet ve veciz bir şekilde ahlaki ilkeler bildirilmektedir.

Bu ayetlerden birinde Yüce Rabbimiz, Resulünü ümmete model olarak sunmuş ve *"Peygamber size neyi verdiyse alın, neyi yasakladıysa ondan sakının!"* (Haşr suresi, 59:7) *"Allah'ın Resulünde sizin için Allah'ı ve ahiret gününü umanlar ve Allah'ı çokça ananlar için güzel bir örnek (model şahsiyet) vardır."* (Ahzâb suresi, 33:21) buyurarak onun yalnız sözleriyle değil, eylem ve hareketleriyle de delil ve kendisine uyulan bir rehber olduğunu hükme bağlamıştır. Dolayısıyla Kur'an ahlakında rol modelimiz Hz. Muhammed (s.a.v.)'dir. Çünkü Peygamber Efendimiz en yüksek dereceli imana sahip olduğu gibi, bu imanın gereği olarak da ahlaken en yüksek derecededir.

Said b. Hişâm, Hz. Âişe validemize Allah'ın Elçisinin ahlakını sormuş o da "Sen Kur'an okumuyor musun?" demiş. "Evet" demesi üzerine; "Resûlullah'ın ahlakı Kur'an idi." demiş ve *"(Ey Peygamberim!) Sen büyük bir ahlak üzeresin."* (Kalem suresi, 68:4) ayetini okumuştur. (Müslim, Salatü'l-Müsâfirîn, 139, I, 512)

Başka bir rivayette ise Hz. Peygamber'in ahlakının sorulması üzerine Hz. Âişe validemiz cevap olarak Mü'minûn suresinin ilk on ayetini okumuştur. Mü'minûn suresinin ilk on ayetinde Firdevs cennetine girecek olan müminlerin özellikleri sıralanmaktadır. Bu nitelikler namazı huşu içinde kılmak, faydasız işlerden ve boş şeylerden yüz çevirmek, malların zekâtını vermek, ırz ve namusu korumak, emanetlere riayet etmek, verilen sözü tutmaktır.

Aynı nitelikler Meâric suresinin 22-35. ayetlerinde namazlarını kılan müminlerin nitelikleri olarak sayılmış, ilave olarak da din gününü tasdik etmek, Allah'ın azabından korkmak, şahitliği dosdoğru yapmak anılmıştır.

Peygamberimiz ahlaka çok önem vermiş ve şöyle dualar etmiştir:

"Allah'ım! Yaratılışımı güzel yaptığın gibi ahlakımı da güzel yap." (Ahmed, I, 403, VI, 68, 155)

"...Allah'ım! Beni amellerin en iyisine ve ahlakın en iyisine ilet. Amel ve ahlakın en iyisine ancak sen hidayet edebilirsin. Amellerin kötüsünden ve ahlakın kötüsünden beni koru. Amel ve ahlakın kötüsünden ancak sen koruyabilirsin." (Nesâî, İftitah, 16, II, 129)

"Allah'ım! Ayrılıktan, ikiyüzlülükten ve ahlakın kötüsünden sana sığınırım." (Tirmizî, Deavât, 126; Nesâî, İstiâze, 21)

Peygamberimiz insanları da ahlaklı olmaya çağırmış ve şöyle buyurmuştur:

"Sizin bana en sevimli olanınız ve kıyamet gününde bana en yakın olanınız ahlakı en güzel olanınızdır." (Buhârî, Fedâilü's-Sahabe, 27)

"Sizin en hayırlınız ahlakı en güzel olanınızdır." (Buhârî, Edeb, 38)

"Kıyamet gününde müminin mizanında güzel ahlaktan daha ağır hiçbir şey yoktur..." (Tirmizî, Birr, 62)

"Güzel ahlaka sarıl. Çünkü insanların ahlak bakımından en iyi olanları dindarlığı en iyi olanlarıdır." (Ahmed, V, 89)

Güzel ahlakı tamamlamak için gönderilen ve en güzel ahlaka sahip olan Peygamberimizin, tebliğ ettiği hak din kemale erdiği gibi güzel ahlak da onunla kemale ermiştir.

Öyleyse *"âlemlere rahmet"* olarak gönderilen, *"müminlerin sıkıntıya düşmesi kendisine çok ağır gelen"*, *"en güzel hayat örneği"* ve *"en yüksek ahlaka sahip"* Hz. Peygamber gibi bir Allah elçisinin ümmeti olarak biz Müslümanların bu niteliklere olabildiğince sahip çıkmaya çalışmamız kadar doğal ve doğru ne olabilir?

Örneğin, hepimizin birçok ahlaki özelliklerini bildiğimiz yüksek ahlaka sahip Hz. Peygamber hastaları ziyaret ederdi. Davet edilen yere giderdi. Emanete hıyanet etmez, Allah'a daima şükredip Ona karşı kulluğunu fazlasıyla yapardı. Alçak gönüllü ve ağırbaşlıydı. Bir kimsenin evine girmek istediği zaman kapıyı çalar, izin verildiğinde içeriye girerdi. Vardığı yere selam vermeden oturmaz, gördüğü kimselere selam verir, ellerini sıkar, hâl ve hatırlarını sorardı. Bir meclise vardığında boş olan, uygun bir yere otururdu.

Hz. Peygamber'i güçleri yettiği kadar örnek alan Müslümanlar, tarihte İslam'ın yayılmasında büyük rol oynamışlardır. Şimdi sıra bizde değil mi? Neden biz de gücümüz ve imkânlarımız ölçüsünde Peygamberimiz örnek alarak, günümüzün birer Hz. Ebû Bekir'i, Hz. Ömer'i, Hz. Osman'ı, Hz. Ali'si, Hz. Hatice'si, Hz. Âişe'si, Hz. Fâtıma'sı, Hz. Nesibe'si ve diğer sahâbîleri gibi olmayalım?

Elbette ki hepimiz Efendimizi örnek alarak güzel ahlak sahibi olmak istiyoruz. Fakat bunu gerçekleştirebilmek için isteğimizin yanında bazı bilgi ve tekniklere de ihtiyaç duyuyoruz. Öncelikle bilgi olarak ahlak ile hayâ; iman ve amel arasındaki ilişkiyi iyi kavramamız gerekir. Çünkü ahlak sadece kuru bir bilgi değil hayat binamızın çimentosudur. Daha sonra güzel ahlaklı olmamıza yardımcı olacak dinî tekniklerden bahsedeceğiz.

Ahlak – Hayâ İlişkisi

İslam ahlakının özü ve imanın bir parçası olan hayâ, İslam ahlakının en temel kavramlarından biridir. Ahlaki bir mefhum olarak hayâ, çirkin ve mezmum olan her şeyden uzak durma ve hakkı teslimde kusur etmeme anlamına gelmektedir.

Hz. Peygamber, *"Her dinin bir ahlakı vardır. İslam'ın ahlakı da hayâdır."* (Mâlik, Muvatta, Husnu'l-Huluk, 2,

II, 905) buyurmuşlardır. Sözlükte; utanma, çekinme, ar, edep, namus, iffet, Allah korkusuyla günahtan kaçınma gibi anlamlara gelen "hayâ" kelimesi, bu hadîs-i şerifte, "ölüm"ün zıddı olan "dirilik/canlılık" anlamındaki "hayat" kelimesinden türetilmiştir. Dolayısıyla insanın maddi canlılığını devam ettiren kan damarları gibi hayâ da insanın manevi canlılığını ve diriliğini temin eden can damarıdır.

Maddi canlılığı devam ettiren kan damarları çatladığında ve önlem alınmadığında hayat nasıl sona ererse, manevi canlılığı devam ettiren hayâ damarı çatlayınca da insan manevi hayatını kaybeder ve maneviyattan yoksun bir canlı hâline gelir. Bu nedenle bedenimizi güzel elbiseler ile süslerken ruhumuzu da hayâ elbisesiyle süslemeliyiz. Yürüyüşümüz, duruşumuz, oturuşumuz, konuşmamız, susmamız, bakmamız ve dokunmamız vs. bütün hâl ve hareketlerimiz hayâ çiçekleriyle süslenmelidir.

Hayâ aynı zamanda her türlü kötülük ve tehlikeye karşı manevi bir sigortadır. Bu sigortadan mahrum olanlar daima felaketlerle karşı karşıya kalırlar. Allah Resulü hayâsızlığın tehlikesini şöyle belirtmişlerdir: *"Allah bir kulu helak etmek isterse ondan utanma duygusunu soyar alır."* (İbn Mâce, Fiten, 28) Yine Efendimizin ifadelerine göre hayâ sadece hayır getirir. Zaten hayâ tamamıyla hayırdır.

Hayâ en önemli ve en değerli insani özellik ve meziyetlerdendir. Bu nedenle edep ve hayâ insanı diğer canlılardan ayırır. Hayvanlarda utanma duygusu olmadığı için insanlarca ayıp ve kötü sayılan fiilleri açık olarak işlerler. Bundan dolayı da bir vicdan azabı ve pişmanlık hissetmezler. Ayıbı ortaya çıkınca yüzü kızaran yegâne varlık insandır. Hayâ sahibi insan işlediği günahtan ötürü önce Allah'tan utanır, ayrıca insanlara karşı da mahcubiyet duyar.

Toplumsal hayatı da ayakta tutan edep ve hayâdır. Rabbimiz tarafından en güzel şekilde terbiye edilmiş ve insanlığa hayâ ve edep örneği olarak sunulmuş olan Hz. Peygamber, *"Hayâ imandandır."* (Buhârî, Edeb, 77) buyurmuştur.

Netice olarak diyoruz ki hayâ hayattır. İnsani değerlerin korunmasında manevi bir sigortadır. İnsani ve ahlaki temeller ne kadar sağlam olursa toplum da manevi depremlere karşı o derece dayanıklı olur. Bunun için de güçlü bir imana sahip olmamız gerekir.

Bir rivayete göre Peygamber Efendimiz bir gün ashabına:

- *"Hepiniz cennete girmek istiyor musunuz?"* diye sordu. Onlar da:

- "Evet, yâ Resûlallah!" dediler. Bunun üzerine Efendimiz:

- *"O hâlde uzun hülyalara dalmayın, Allah'tan hakkı ile hayâ edin."* dedi. Onlar:

- "Hepimiz Allah'tan hayâ ederiz." deyince Peygamberimiz:

- *"O hayâ değildir. Ancak Allah'tan hayâ, kabri ve çürümeyi hatırlamak, karnı ve içindekileri muhafaza etmek (helal yemek), başı ve içindekileri (düşünceleri) muhafaza etmektir.*

Kim ahirette ikram görmek isterse, dünya ziynetini terk eder. İşte Allah'tan hakkı ile hayâ etmek budur. Kul Allah'ın dostluğunu bunlarla kazanır." buyurdu.

Ümmü Zer'den şöyle rivayet edilmiştir:

"Resûlullah (s.a.v.) bir akşam halka çıkageldi ve:

- *'Ey insanlar! Allah'tan utanmıyor musunuz?'* dedi. Onlar da:

- 'Niçin böyle söylüyorsunuz, yâ Resûlallah?' diye sorunca. O:

- *'Yemediklerinizi biriktiriyor, yetişemeyeceğinizi umuyor ve oturamayacağınız binalar yapıyorsunuz.'* dedi."

Ahlak – İman İlişkisi

İnanmak hava kadar, su kadar bir ihtiyaçtır. Bu ihtiyaç ise ancak iyi bir ahlaki eğitimle karşılanabilir. Peygamberimizin şu sözleri bu hususu açık seçik bildirmektedir:

"Müslümanların iman yönünden en olgunu, ahlakı en üstün olanlarıdır." (Buhârî, Edeb, 38, 3)

"En hayırlınız ahlakı en güzel olanınızdır." (Ebû Dâvûd, Edeb, 8)

"Sizden biriniz kendisi için sevip arzu ettiği şeyi din kardeşi için de sevip arzu etmedikçe gerçek anlamda iman etmiş olmaz." (Buhârî, İman, 7)

"Yapacağı fenalıklardan komşusu güven içinde olmayan kimse vallahi iman etmiş olmaz." (Buhârî, Edeb, 29)

"Allah'a ve ahiret gününe iman eden kimse komşusunu rahatsız etmesin. Allah'a ve ahiret gününe iman eden kimse misafirine ikram etsin. Allah'a ve ahiret gününe iman eden kimse ya faydalı söz söylesin veya sussun!" (Buhârî, Nikâh, 80; Edeb 31)

Görüldüğü gibi hadislerde kişideki iman ve teslimiyetin mükemmelliği ahlakının mükemmel olmasıyla değerlendirilmiştir. Buna göre kişi ahlaki kurallara ne kadar boyun eğiyorsa imanı o kadar güçlü, ahlaki kurallara ne kadar karşı çıkıyorsa imanı o kadar zayıf demektir.

Bir Kıssa Bin Hisse: Kâfir Olacağım Ümidinin Kokusunu Dahi Vermem

Abdullah b. Huzâfe, Allah Resulü'nün elçilerinden biridir. Bugünkü ifadeyle "büyükelçi"dir. Bu zat arkadaşları ile beraber bir gün düşman kuvvetlerine esir olur. Orada kendisine büyük işkenceler yapılır. Hatta kral ona; "Dininden dön, kızımı da sana vereyim, mülküme de ortak edeyim." der. Abdullah der ki:

"Eğer Rum diyarının tamamını versen, gücün yetse de Arap diyarının tamamını versen ve bana da bir göz açıp kapayıncaya kadar kâfirliği teklif etsen ben buna razı olmam."

Adam işkenceye devam eder. Büyük kazanlar getirip ateşin üzerine koyarlar. Abdullah'ın arkadaşlarından birini canlı olarak kazanın içine koyarlar, bir anda etleri ile kemikleri birbirinden ayrılıverir. Ondan sonra Abdullah'ı alıp kazanın içerisine iple sarkıtırlar.

Abdullah ağlamaya başlar. Kral, "Herhâlde dininden dönecek." diyerek durdurur. Niçin ağladın? der. Abdullah şöyle cevap verir:

"Bir tek canım var. O bir can da birkaç dakika içerisinde yok olup gidecek. Benim üzüldüğüm şu. Keşke benim saçım adedince başım olsaydı da Allah yolunda o başların hepsini ben verseydim. Saçımın adedince başımın olmadığına ben üzülüyorum."

Kral onu hapse attırır. Yemek olarak hiçbir şey vermez. Üç gün sonra Abdullah tam olarak acıktığında biraz domuz etinden yiyecekle şarap gönderir. Abdullah bunları da yemez. Kral niçin yemediğini sorar.

Abdullah der ki: "Bunlar bana helal. Çünkü zaruret anı var. Zaruret anında domuz etini yemek, şarabı içmek helaldir. Ancak sana, kâfir olacağım ümidinin kokusunu dahi vermem. Bunun için yemedim."

Ahlak – Amel İlişkisi

Ahlak-iman ilişkisi böylesine birbirinden ayrılmaz olunca, ahlaki davranış ve yaşayış da hiç şüphesiz, İslam'a yani Kur'ân-ı Kerîm'e ve sünnet-i seniyyeye uygun olan davranış ve yaşayış olmalıdır. Bu iki kaynağa aykırı olan her davranış ahlak dışıdır.

İmanı bir ışık kaynağına benzetirsek, nefsani ve şeytani rüzgârlar, bu ışığı söndürmek için ömür boyu her fırsatta esip dururken, ibadetlerimiz, bu olumsuz rüzgârlara karşı, iman ışığını koruyan bir fanus gibidir. Dolayısıyla ibadetlerimiz ne kadar halis niyetle ve makbul bir nitelikte yerine getirebilirsek kalbimizdeki imanın nuru da o kadar güçlü ve parlak olur. Bu nedenle kişinin Yaratan'ına ibadet etmesi, inanma ve Ona şeklen dua etmekle sınırlı olmayıp, aynı zamanda ahlaki davranışları da içerir. Çünkü İslam'ın hedeflediği "kâmil bir mümin" olabilmek için dini "ilim, amel ve ihlas" bütünlüğü içinde idrak edip yaşamak gerekir. Zaten ahlakın kaynağı din; insanların yaratılış gayesi de Allah'a ibadet etmektir. İnsan bu görevini ya namaz, oruç, zekât ve hac gibi belirli bir zamanda, belirli bir mekânda ve belirli kurallara uyarak "şeklî ibadetler" olarak yerine getirir. Ya da Allah'ı zikretmek, ana babaya iyilik etmek, şahitliği, tartı ve ölçüyü dosdoğru yapmak gibi emirlere; alkollü içkiler içmemek, uyuşturucu kullanmamak, kumar oynamamak, hırsızlık yapmamak ve cana kıymamak gibi yasaklara uyarak herhangi bir zaman, mekân ve şekille kayıtlı olmaksızın "şeklî olmayan ibadetler" olarak yerine getirir.

"Şeklî ibadetlerin" temel amaçlarından biri, "şeklî olmayan ibadetlerin" insan hayatında uygulanır hâle gelmesini sağlamaktır. Örnek olarak şeklî ibadetlerden biri olan "oruç ibadetini" inceleyelim:

Oruç ibadetinin Allah'ın rızasını kazanmanın yanında temel amaçlarından biri de kişinin nefsini terbiye etmesi, söz, eylem ve davranışlarına çeki düzen vermesidir. Bu konu hem Kur'an'da hem de Hz. Peygamber'in hadislerinde açıkça belirtilmektedir. Orucun farz olduğunun bildirildiği ayette şöyle buyurulmaktadır: *"Ey müminler! (Kötülüklerden ve haramlardan) korunmanız için oruç tutmak, sizden öncekilere farz kılındığı gibi size de farz kılındı."* (Bakara suresi, 2:183) Hz. Peygamber (s.a.v.) de *"Oruç kalkandır. Biriniz oruçlu iken çirkin, kötü ve kaba söz söylemesin, bağırıp çağırmasın, kavga etmesin. Birisi kendisine söver ya da çatarsa ona 'Ben oruçluyum.' desin!"* (Müslim, Sıyâm, 163) buyurmuştur.

Görüldüğü üzere hem âyet-i kerîme hem de hadîs-i şerif, orucun amacının insanın terbiye ve ahlakını güzelleştirmek olduğunu açıkça ifade etmektedir. Eğer oruç, insanı kötü söz, eylem ve davranışlardan uzaklaştırmıyor, terbiye ve ahlakını güzelleştirmiyorsa amacına ulaşamamış demektir, böyle bir oruçtan istenilen sevap da elde edilemez.

Nitekim Hz. Peygamber, *"Kim yalan sözü ve yalan ile iş yapmayı bırakmazsa Allah'ın onun yemesini ve içmesini terk etmesine ihtiyacı yoktur."* (Buhârî, Savm, 8) *"Nice oruç tutanlar vardır ki onların oruçtan nasipleri sadece aç (ve susuz) kalmalarıdır. Nice geceleri namaz kılanlar vardır ki onların namazdan nasipleri sadece uykusuz kalmaktır."* (İbn Mâce, 21, I, 539) buyurmuştur. Orucun kötülük ve haramlardan korunmak için farz kılındığının bildirilmesi, ibadetin insanın kişisel ve sosyal hayatındaki anlamını da açıklamaktadır.

Yine Kur'an, günde beş vakit kılınan namazın insanı hayâsızlıktan ve haramlardan alıkoyduğunu bildirmektedir: *"Namazı dosdoğru kıl! Çünkü namaz insanı fuhuş (her türlü çirkin, söz, fiil ve davranışlardan) ve münkerden (haramlardan, dînin ve akl-ı selîmin çirkin gördüğü işlerden) meneder, alıkoyar."* (Ankebût suresi, 29:45)

Dolayısıyla oruç tutan ve namaz kılan insan yalan, yalancı şahitlik, gıybet, iftira, hile, aldatma, kötü söz ve benzeri davranışlardan uzak; iş ve işlemlerinde, söz ve sözleşmelerinde, alım ve satımlarında dürüst ve dosdoğru olmak zorundadır. Netice olarak gerçek anlamda tutulan "oruç" ve kılınan "namaz" hem kötü söz ve davranışlara, hem de cehennem ateşine karşı perde olur, kişiyi fuhuş ve edep dışı davranışlardan alıkoyar. Buna göre, iman edip sâlih ameller işleyen, İslam'ın emir ve yasaklarına, helal ve haramlarına, öğüt ve tavsiyelerine uyan, insanlarla iyi ilişkiler içerisinde olan, onlara kötülük etmekten sakınan kimse "güzel ahlak" sahibi, aksi davranışta olan kimse ise "kötü ahlak" sahibi demektir.

Burada vurgulamamız gereken bir nokta da ahlak kurallarını bilmenin ve öğrenmenin, bu kuralları hayata geçirmek için yeterli olmadığıdır. Bununla birlikte kişinin Allah ve ahiret inancının, din duygusunun ve ihlas ve samimiyetinin de güçlü olması gerekmektedir. Nice insanlar vardır ki içkinin, kumarın, fuhşun, hırsızlığın, yalanın, sahtekârlığın ve hilenin haram ve günah olduğunu, birey, aile ve toplum hayatına zarar verdiğini bilir ama bu yasakları işlemekten de geri durmaz.

İhlas olmazsa ruhumuzun miracına sebep olması gereken namazlarımız bizleri kötülüklerden alıkoyamaz. İhlas olmazsa oruçlarımız, artık bizim için bir kalkan değil, sadece açlık ve susuzluktan ibaret kalır.

Bir Kıssa Bin Hisse: Mağaranın Ağzındaki Kaya

Hz. Ömer anlatıyor: Resûlullah (s.a.v.) buyurdular ki:

"Sizden önce yaşayanlardan üç kişi yola çıktı. Akşam olunca geceleme ihtiyacı nedeniyle bir mağaraya sığındılar. Onlar içeriye girdikten sonra dağdan kayan bir taş yuvarlanıp mağaranın ağzını üzerlerine kapadı. Aralarında:

'Bizi bu kayadan, salih amellerimizi şefaatçi kılarak Allah'a yapacağımız dualar kurtarabilir!' dediler.

Bunun üzerine birincisi şöyle dedi:

'Benim ihtiyar anne ve babam vardı. Ben onları çok kollar, akşam olunca onlardan önce ne ailemden, ne de hayvanlarımdan hiçbirini yedirip içirmezdim. Bir gün ağaç arama işi beni uzaklara attı. Eve döndüğümde ikisi de uyumuştu. Onlar için sütlerini sağdım. Hâlâ uyumakta idiler. Onlardan önce aileme ve hayvanlarıma yiyecek vermeyi uygun bulmadım, onları uyandırmaya da kıyamadım. Geciktiğim için

çocuklar ayaklarımın arasında kıvranıyorlardı. Ben ise süt kapları elimde, onların uyanmalarını bekliyordum. Derken şafak söktü.'

Adam bunları anlattıktan sonra şöyle dua etti:

'Ey Allah'ım! Bunu senin rızan için yaptığımı biliyorsan, bizim yolumuzu kapayan şu taştan bizi kurtar!'

Taş bir miktar açıldı. Ama çıkacakları kadar değildi.

İkinci şahıs şöyle dedi:

'Ey Allah'ım! Benim amcamın bir kızı vardı. Onu herkesten çok seviyordum. Ondan yararlanmak istedim. Ama bana yüz vermedi. Fakat gün geldi, kıtlığa uğradı, bana başvurmak zorunda kaldı. Ona, kendisini bana teslim etmesi mukabilinde yüz yirmi dinar verdim; kabul etti. Arzuma nail olacağım sırada: Allah'ın mührünü, gayrimeşru olarak bozman sana haramdır!' dedi. Ben de ona temasta bulunmaktan kaçındım ve insanlar arasında en çok sevdiğim kimse olduğu hâlde onu bıraktım, verdiğim altınları da geri almadım.

Adam, bu sözlerinden sonra şöyle dua etti:

'Ey Allah'ım! Eğer bunları senin yüce rızan için yapmışsam, bizi bu sıkıntıdan kurtar!'

Kaya biraz daha açıldı. Ancak onların çıkabileceği kadar açılmadı.

Üçüncü şahıs dedi ki:

'Ey Allah'ım! Ben işçiler çalıştırıyordum. Ücretlerini de derhâl veriyordum. Ancak bir tanesi ücretini almadan gitti. Ben de parasını onun adına işletip kâr ettirdim. Öyle ki çok malı oldu. Derken yıllar sonra çıkageldi ve 'Ey Abdullah! Bana olan borcunu öde!' dedi. Ben de: 'Bütün bu gördüğün sığır, davar, deve, köleler senindir. Bunları al götür!' dedim. Adam:

'Ey Abdullah! Benimle alay etme!' dedi. Ben tekrar:

'Ben kesinlikle seninle alay etmiyorum. Git hepsini al götür!' dedim. Alacaklı olan adam hepsini aldı götürdü. Adam bunları söyledikten sonra dua etti:

'Ey Allah'ım! Eğer bunu senin rızan için yaptıysam, bize şu hâlden kurtuluş nasip et!'

Kaya açıldı, çıkıp tekrar yollarına devam ettiler."

(Buhârî, Enbiya, 50; Müslim, Zikir, 100)

Ahlakımızı Güzelleştirmek İçin Bazı Önemli Hususlar

Ahlak-Fikir-Beden Terbiyesi Bütünlüğünü Sağlamalıyız

İnsanda var olan kabiliyetlerin en önemli olanları, hareket ve davranış kabiliyetleri olduğundan, insan bedeni, akıl ve ahlakla birlikte terbiye edilmelidir. Çünkü beden hareketleri belirler, akıl yön vererek bilgileri toplar, ahlak ise toplanan bütün bilgileri süzgeçten geçirerek seçer ve son kararı belirler. Şayet beden hareketlerini belirlemede iyi terbiye edilmemişse, insan aşırı hareketlilikten yorgun düşer, kuvveti ve sıhhati kaybolur. Sağlıklı kararlar veremez. Hatta bazen topluma zararlı olacak durumlar meydana gelir.

Toplumdaki davranışların ayarlanmasına, kötü alışkanlık ve davranışlara, engel olabilecek tek şey güzel ahlaklı olmaktır. Güzel ahlak, hem aklın hem de bedenin terbiyesini kolaylaştırır ve sağlam bir karakter oluşmasına yardımcı olur. Bunu da aklı ve iradeyi güçlendirerek yapabiliriz. Akıl bilgi ile çalışır, beden fikir ile işler. Doğru ve yanlış olan bilgiler hakkında çocuklara ve gençlere gerçek yolu göstererek, onlarda aklın çalışmasını sağlamalıyız. Onlar akılları sayesinde, iyi olan eğilimlere yönelip, kötü eğilimlerden uzaklaşırlar. Aklın iyi çalışması ve iradenin güçlü olması, bazı eğilimlerin kuvvetlenmesine, bazılarının da zayıflayıp sönmesine sebep olur. Peygamber Efendimiz *"Herkesin dini aklı kadardır. Aklı olmayanın dini yoktur."* (Câmiü's-Sağir, 4: 528 Hadis No: 6159) buyurmuştur.

Aklı, ilim geliştirir. İnsan, ne kadar çok ilim ile bilgi ile meşgul olursa, akıl o derecede işler ve gelişir. Bu yüzden İslam dini akla ve iradeye çok önem vermiştir. Akıl insana verilmiş en büyük nimet ve insanı diğer canlılardan ayıran en önemli özelliktir. Her yaşanılan olay, insanda tekrar tekrar yaşanarak tecrübe oluşturur. Fikir sahibi olmadan, yüksek duygu hissi yaşanmaz. Bu duygunun yaşanması, doğru ve yanlış olan bilgilerin, gerçek anlamda öğretilmesi ile oluşacaktır.

Bir Kıssa Bin Hisse: Garip Bir Dava

Muhammed bin İdris henüz dört yaşındadır. Tevafuk bu ya, o gün kadı efendinin sokaklarından geçeceği tutar. Tam o sıra iki öfkeli adam bir garibi sürükler, kadı efendinin önüne yıkarlar. Muhammed akranlarıyla birlikte hadise mahalline koşar. Davacılardan biri alelacele anlatmaya başlar:

"Efendim biz üç arkadaştık. Birlikte bir iş yaptık ve iyice bir para kazandık. Yalanı yok ya birbirimize itimadımız yoktu. Paramızı hepimizin güveneceği birine, yani buna emanet ettik ve altını çize çize 'Üçümüz birlikte gelmedikçe vermeyeceksin.' diye tembihledik. Ama o bize hıyanet etti."

Kadı yaka paça sürüklenen adama bakar:

- Doğru mu söylüyor bunlar?

- Doğru efendim ama eksik.

- Nasıl yani?

- Evet, bunlar dün akşam bana bir kese para bıraktılar ve "Birlikte gelmedikçe hiçbirimize verme!" dediler. Ancak henüz elli adım bile gitmeden içlerinden biri geri geldi ve altınları istedi. Uzaktan "Bakın veriyorum." diye bağırdım, bu ikisi de kafa sallayıp *"Tamam."* dediler. Söyleyin başka ne yapabilirdim ki? Kadı bu kez diğerlerine döner:

- Peki, buna ne diyeceksiniz?

- Onu da açıklayalım. Keseyi emanet edip giderken şimdi burada olmayan arkadaşımız aniden durdu. "Bütün paramızı emanetçiye bıraktık ama bu aksam ne yiyeceğiz?" dedi. Biz de harcanacak kadar bir şeyler almasına izin verdik. Hepsini alıp kaybolacağını nereden bilebilirdik?

- Şimdi iş açıklığa kavuştu. Arkadaşınız paraları alıp kaçtı desenize.

- Evet, ama biz emanet verdiğimiz adamı tanırız. Ona üstüne basa basa "Üçümüz birlikte gelmedikçe verme!" dedik mi, dedik. O da bunu kabul etti mi, etti. Gözünü açsaydı, aldanmasaydı. Madem bir saflık yaptı, ceremesini çeksin, bedeli kesesinden ödesin.

Ödesin demek kolaydı ama delikanlı söz konusu parayı verecek güçte değildi. Zaten üzgün ve bitkindi. Ağlamamak için dudaklarını ısırdı ve büyük bir teslimiyetle boynunu büktü. Zor duyulan titrek bir sesle "Hatalıyım efendim." dedi, "Cezama razıyım."

Hava bir anda emanetçinin aleyhine döndü. Merhametli kadı gözlerini kıstı, sakalını sıvazladı. Bir çıkış yolu aradı... Aradı ama nereye kadar? İşte tam o sıra küçük dinleyici ümitsiz gencin elinden tutar. "Ağlama be amca!" der, "Kendini niye üzüyorsun ki?"

- Nasıl üzülmem? Başıma gelenleri duydun işte.

- Sen gel beni dinle ve de ki: "Kese bende."

- Haydi, istediğin gibi olsun. Diyelim ki kese bende.

- Emaneti almak için üç kişi olmaları gerekmiyor mu?

- Gerekiyor.

- Öyleyse söyle onlara, getirsinler arkadaşlarını, alsınlar paralarını! Bu berrak muhakeme ve müthiş zekâ sahibi çocuk yıllar sonra İmam Şâfiî diye anılacaktır.

İradeyi Güçlendirmeliyiz

Hayvanda sadece kendisini harekete sevk etmek gücü varken; insanın bütün yaratıklara karşı en önemli üstünlüklerinden biri olan iradesi vardır. İnsan, iradesi sayesinde "iyi" ya da "kötü"yü seçmekte hür olduğu gibi, seçeneklerden birisini tercih hakkına da sahiptir.

Özgürlük ve seçme hakkı, insanın sorumlu olma zorunluluğunu da beraberinde getirmektedir. Bundan dolayıdır ki, Kur'an'da *"O gün kişi, önceden yaptıklarına bakacaktır."* (Nebe' suresi, 78:40) buyurularak insanın, kendi yaşayışından sorumlu olan tek varlık olduğu ve herkesin yaptığı iyiliğin kendi lehine, kötülüğün de kendi aleyhine olacağı vurgulanmıştır.

İradenin kuvvetliliği, kararında sabit kalınmakla ve uygulama ile gelişir. Başkalarının emirleriyle hareketlerini ayarlayan çocuklar ve gençler, hayatları boyunca kendi iradelerinde zayıf kalırlar. Kendi iradeleri ile hareket edemezler. Bu nedenle çocukları hep azarla, emirlerle, uyarılarla ve yasaklarla sınırlamak uygun değildir. Emir, yasak, azar ve öğüt gereklidir; fakat bunları iradeyi durduracak şekilde değil, iradeyi harekete geçirecek şekilde uygulamalıyız. Çocukların ve gençlerin çalışmalarını ve davranışlarını gözlerken, onlara iradelerini kullanmalarını, çabuk karar vermemelerini, karar verdiklerinde ise vazgeçmemelerini, tedbirsiz hareket etmemelerini, inatlaşmamalarını da telkin etmeliyiz. Böyle davranışların zararlı olabilecek sonuçlarını, onların kendilerine buldurmalıyız. Şüphesiz, iradenin gelişmesi için bünyenin kuvvetli olması, fikirlerin ve duyguların doğru bilgilerle geliştirilmiş olması gibi tedbirler de önceden alınmış olmalıdır. Bunun için bizlerin, kendi aramızda ve toplumun bütün kurumlarının işbirliği kaçınılmazdır.

Bir Kıssa Bin Hisse: Arkadaş

Arkadaşları ile geçinemeyen, huysuz ve kötü karakterli bir genç varmış. Bir gün bu gencin babası ona çivilerle dolu bir torba vermiş, bahçedeki tahta levhanın önüne götürmüş ve ona:

"Arkadaşların ile tartışıp kavga ettiğin zaman her seferinde bu tahta levhaya bir çivi çak!" demiş.

Genç, ilk günde tahta levhaya bir hayli çivi çakmış. Sonraki haftalarda kendi kendini kontrol etmeye çalışmış ve geçen her gün daha az çivi çakmış. Nihayet bir gün gelmiş ki, hiç çivi çakmamış.

Babasına gidip söylemiş. Babası, onu yeniden tahta levhanın önüne götürmüş ve ona:

"Bugünden başlayarak tartışmayıp kavga etmediğin her gün için tahta levhadan bir çiviyi çıkar!" demiş.

Günler geçmiş ve bir gün gelmiş ki, çivilerin hepsi çıkarılmış. Tahta levha bomboş kalmış. Babası ona;

"Aferin, iyi davrandın ama bu tahta levhaya dikkatli bak. Artık çok delik var. Artık geçmişteki gibi güzel olmayacak. Arkadaşına bin defa, kendisini affettiğini söyleyebilirsin ama bu delik aynen kalacak." demiş.

Gerçekten de arkadaş ender bir mücevher gibidir. Seni güldürür, yüreklendirir. İhtiyaç duyduğunda yardımcı olur. Seni dinler, sana yüreğini açar.

Somut Örnekler Göstermeliyiz

Çocuklarda, gençlerde ve hatta yetişkinlerde taklitçilik eğilimi vardır. Bir işi, bir hareketi görmek özellikle çocuklarda ve gençlerde bu taklit ve tekrar etme duygusunu uyandırır. Sık sık yapılan bir işin görülmesi de kişiye imkân sağlar. Bu nedenle olumlu taklit örneklerinin çoğaltılıp çocukların ve gençlerin imkânlarını kullanmaları sağlanmalı ve onlara seçme imkânı verilmelidir.

Bazen somut olarak bir işi göstermekte zorlanabiliriz. Böyle durumlarda hayal eğiliminden yararlanarak, hikâyeler ve masallarla, işitsel taklitçilik eğilimini tekrar meydana çıkarabiliriz. Yine filmlerden, gazete haberlerinden örnekler vererek dinî yönden değerlendirme yapabiliriz. Ayrıca ibadet edenleri görmek, hayır işlerini uygulama esnasında şahit olmak çocuklarda da, gençlerde de, yetişkinlerde de bu işi yapanlara özenmelerine ve onların duygu ve düşüncelerine ortak olmalarına sebep olur.

Eğilimleri Birbirine Karşı Kullanmalıyız

Hangi çeşit eğilim olursa olsun, hepsi birbirini etkilemektedir. Ama bazı kuvvetli eğilimler diğer zayıf olan eğilimi etkisi altına alarak ön plana çıkabilir. Mesela birini seven bir insan, sevdiği kişiyi kaybetmemek için, onun negatif yönünü görmez. Daima pozitif yönünü görür. Bu nedenle anne-baba ve eğitimcinin güvenini kazanmak, çocukları ve gençleri çalışmaya, söz dinlemelerine ve bu sevdiği kişinin güvenini kaybetmemek için hayatta başarılı olmaya yönlendirir.

Allah sevgisi ve inancı da insanı en fazla etkileyen şeydir. Çünkü Allah'ın her yerde ve her zaman bizi görmekte olduğunu bilerek kötü şeylerden sakınmak, günahlardan uzaklaşılmasına sebep olur. Bu inanç, hiç kimsenin olmadığı yerde de çocukları ve gençleri günahlardan sakındırmaya ve iyilik yapmaya yönlendirir. Eğer bu eğilimler çocukta ve gençte alışkanlık hâline gelirse, yetişkinlik döneminde de doğruluktan ayrılmayacaktır.

Eğilimleri ve Duyguları Yönlendirme Yolları

Eğitimciler, toplumun ve eğittikleri kişilerin özel eğilimlerini, karakterlerini, huy ve alışkanlıklarını dikkate alıp, uygulayacakları eğitimde bunları göz önünde bulundurmalı ve düzenlemeyi bunlara göre yapmalıdırlar. İyi ve kötü birçok eğilim vardır. Görev ve sorumluluk duygusu daima iyiye; intikam duygusu her zaman kötüye, hırs ve rekabet ise; bazen iyiye, bazen kötüye yönlenmeye sebebiyet verir. İşte bu tür eğilimlerde iyiyi daha kuvvetlendirip, kötüyü en aza indirmeye çalışılmalıdır.

Kendilerini ifade etmeye çalışan çocukların aşırılıklardan kaçınmaları sağlanmalıdır. Çocuklar ne öfkelerini içine atıp kin ve nefretle büyümeli, ne de kırıp dökerek çevreye zarar vermelidir. Duygularını kontrol etmesini öğrenmeli, irade gücü kazanmalıdır.

Çocukların istek ve arzularını sınırsız bir şekilde yerine getirip zayıf iradeli yetişmelerine zemin hazırlamamalıdır. Onların doğru olanı öğrenip yapmaları ve bu davranışları hiçbir etki altında kalmadan yalnız başına olduğu zamanlarda da tekrarlamaları iradelerini güçlendirip kendine güvenini sağlayacaktır. Böylece kendi başına düşünüp karar verip öfkesini yenebilen, sevgisini ve hırsını iyiye ve doğruya yönlendirebilen, sorumluluk bilincine sahip erdemli ve güzel ahlaklı birer olgun insan olmalarına vesile olabiliriz.

Öz Benlik Duygularını Geliştirmeliyiz

İnsanların eğitiminde ahlak terbiyesinin önemi büyüktür. Ahlak terbiyesi ile kendine saygı duygularının gelişmesi sağlanır. Gençlerin ve çocukların bu duygularını dinî duygularla birleştirip, menfaat duygusunu başkaları için de gözetmelerine ve kendi kendilerine saygı duymayı öğrenmelerine yardımcı olmalıyız. Çünkü kendi kendine saygı duyan, başkalarına da saygı duymayı öğrenecektir. Bu sayede yanlış hareketlerde bulunan çocukların ve gençlerin, kendi menfaatlerini gözettikleri gibi, başkalarının da menfaatlerini gözetmeleri ve karşısındaki insana saygı duyulmasının gerektiğini fark ettirebiliriz.

Peygamber Efendimiz başkalarının hakkını da kendi hakkı gibi gözetmeyi inancın gereği olarak göstermiştir:

"Hiçbiriniz kendisi için arzu ettiğini, (inanan herkes) için de arzu etmedikçe (tam) iman etmiş olamaz." (Buhârî, İman, 1)

"Müslüman, dilinden ve elinden başkalarının selamette olduğu kimsedir." (Buhârî, Edeb, 29)

"Komşusu, kötülüklerinden emniyette olmayan kimse cennete giremez." (Müslim, İman, 1)

Burada özellikle komşuluk hakları öğretilirken, Müslüman veya gayrimüslim farkı gözetmeksizin, bu hakkın riayetine özen gösterilmeli ve iyi davranışların sergilenmesine önem verilmelidir. Bu açıdan, Peygamber Efendimizin örnek hayatının tekrarlanması çok önem arz etmektedir. Ayrıca çocuklarımıza ve gençlerimize inanç ve ibadet esaslarını öğrettikten sonra davranışlarına nasıl yansıması gerektiğini de öğretmeli ve davranış metotları üzerinde durmalıyız.

Ahlakımızı Güzelleştirmede Bazı İnce Noktalar

Ahlak Terbiyesi Gerçek Hayatı Unutturmamalıdır

Çocuklara ve gençlere hayatın her iki yönünü de tanıtmalıyız. Hayatta sevinçlerin olabileceği gibi, üzüntülerin de kaçınılmaz olduğunu öğretmeliyiz.

Çocukların ve gençlerin içgüdüsel olarak meydana gelen ortak yönleri, oyun oynamaya düşkünlüktür. Bu düşkünlüklere engel olmamalıyız. Her zaman olmasa bile, arada bir çocuklar ve gençlerle oyun oynanarak ahlaki kuralları öğrenmelerini sağlayabiliriz.

Çocukların ve gençlerin kabiliyet yönlerinin de araştırmalıyız. Onları, çeşitli işlere yönlendirebiliriz. Bazı işler başlangıçta sıkıcı gelebilir. Ama sonu eğlenceli olur. Bazı işler de tam tersi başlangıçta eğlenceli gelir ama sonu tamamlanmadan o işten uzaklaşılır. İşlerin bu farklı ve önceden bilinmeyen yönlerini, çocuklara ve gençlere fark ettirmeli ve onları tahminle arayıp bulmaya yönlendirmeliyiz.

Maneviyatta da bu şekilde değerlendirme yapmalıyız. Cennet ve cehennem konularını bu şekilde ele alarak, yapılacak olan işleri şu anki duruma göre değil, gelecekteki sonuçlarını düşünmeye alıştırmalıyız. Bu sayede gerektiğinde manevi bir zevki kazanmak için, zahmete ve üzüntüye katlanabilirler.

Toplumsal Duygular Zaafa Dönüştürülmemelidir

Aile hayatının ve sosyal hayatın en önemli yapı taşı toplum ahlakıdır. Çocukları ve gençleri başkalarının sıkıntı ve üzüntülerine ortak olmaya alıştırmalı, bununla beraber şefkat ve merhamet duygularının gelişip kuvvetlenmesini sağlamalıyız. Bunun için çocukları ve gençleri insanların acılarından, sıkıntılarından haberdar etmeli, insanların karşılaştığı sıkıntılarda, kendilerini onların yerine koyarak, nasıl bir davranış sergileyecekleri konusunda kıyas yapmaya alıştırılmalıyız. Eğer empati dediğimiz bu duygularını geliştiremezsek, yani çocukları ve gençleri insanların yoksulluk ve düşkünlüklerinden habersiz bırakırsak, yalnız kendilerini düşünmeye başlarlar. Daha kötüsü "Sen kendine bak!" denerek toplumsal eğilimler köreltilirse, merhamet ve şefkat duygularının körelmesine neden oluruz. Fazla aşırı etkilenmeleri de, kendilerinden başka herkesin derdiyle dertlenerek, bütün ömürlerinin keder içinde geçmesine neden olur. Bazı insanlarda psikolojik bunalıma bile yol açabilir. Bunun için anne-baba ve eğitimciler olarak, çocuklara ve gençlere merhamet ve şefkatimiz göstermeliyiz. Örnek insanların hayatlarından örnekler göstererek, iradelerinin duygularını kullanamaz hâle getirmelerini önlemeliyiz.

Yüksek ve İnce Duygulara Yönlendirmeliyiz

Çocuklara ve gençlere ahlaki eğitim vermenin en önemli amaçları; iyiye yaklaştırma, çirkinden uzaklaştırma ve doğruya, hakikati bulmaya yönlendirmek, bu duyguları güçlendirmektir. Doğru ve hakikati bulma merakı her insanda çocukluktan gelen bir duygudur. Hakikate bağlı kalınmalı, geçeği bulmaktan zevk alınmalı, yanlış olan her şeyden kaçınmalıdır. Bunun için çocukları ve gençleri, doğru ve hakikati bulmaya yönlendirmeli, onları araştırmaya teşvik etmelidir. Örneğin yapılan bir hatadan dolayı onlara hemen kızıp bağırmak yerine, doğruyu söylemeye alıştırmalı, bunun doğru bir şey olmadığını açıklamalı ve onların pişman olmaları sağlanmalıdır.

Marifet ve Fazilete Birlikte Yönlendirmeliyiz

Kınalızâde Ali Efendi'ye (1510-1572) göre insanın olgunluğu bilgi ve ahlaki davranışına bağlıdır. Çocuklarımızın ve gençlerimizin bilgisini öğretimle yükseltirken, davranışlarını da hayır ve saadet yolunda eğitimle geliştirmesini bilmeliyiz. Böylece marifet ve fazilete birlikte yönelmelidir ki muvaffak ve mesut olabilsinler. Mehmet Âkif (1873-1936), gençliğe Âsım'ın şahsında yol gösterirken, bu iki kudrete önem verilmesini tavsiye ediyor. Bunlardan marifet ilim, bilgi, teknik, sanat, her konuda ustalık ve hüner; fazilet ise iyi huy, iyi ahlak, yüksek meziyetler ve tutarlı kişilik manalarına gelir. Âkif'e göre marifet, halkı müreffeh kılacak bütün maddi imkânların, memleketin hayrını ve kalkınmasını sağlayacak olan bütün şartların hazırlanmasını temin edecek, fazilet de bunu tamamlayacaktır:

"Çünkü milletlerin ikbali için evladım
Marifet, bir de fazilet... iki kudret lazım
Marifet, ilkin ahaliye saadet verecek
Bütün esbabı taşır; sonra fazilet gelerek,
O birikmiş duran esbabı alır, memleketin
Hayr-ı ilâsına tahsis ile sarf etmek için..."

Yani, eğer bir millette ilim yok ise, ilmin ve tekniğin yeterince öğretimi yapılamıyorsa, o millet sadece fazilet (iyi ahlak) ile yükselemez, zayıf düşer. Bu milletin fertleri belki iyi insanlar olabilirler. Fakat ilim ve teknikten mahrum olmaları hâlinde onların bu iyiliği miskin bir vaziyette ve sükûnete dönüşerek, değişen ve gelişen şartlara intibakına engel teşkil eder. Hatta öyle bir noktaya gelirler ki, iptidailiğe mahsus olan tembellik ve avarelikten memnun olabilirler. Fazilet uzun süre devam edemez, zamanla ferdi ve cemiyeti ayakta tutmaya yeterli olamaz.

"Marifet kudreti olmazsa bir ümmette eğer,
Tek faziletle teali edemez, zaafa düşer
İptidailiğe mahsus olan avare sükûn,
Çöker asabına. Artık o da bundan memnun!"
"Marifet farz edelim, var da, fazilet mefkûd...
Bir felaket ki milletler için nâmahdûd.
Beşerin ruhunu tesmim edecek karha budur;
Ne müsibettir o, tâûnlara rahmet okutur!"

Yani, bir de bunun aksi olabilir. Bir millette ilim ve teknik öğretimi yeterince olur; fakat ahlak eğitimi olmaz ise işte bu hâl o millet için ölçülmeyecek kadar büyük felakettir. Yalnız başına maddi ilimlere ve onun öğretimine dayanarak milletlerin yükselişi ve saadeti sağlanamaz.

Âkif'e göre, son üç asırdan beri sahibi olduğumuz ahlakı ilimle birlikte yürütemedik. Millet yeterince ilim ve teknik öğretimi görmediği için cehalet bataklığına düştü. Bu yüzden maddi kuvvetini yitirdi, ruhu sağlam fakat bedeni hasta bir adam gibi, düşe kalka hareket etmeye çalışıyordu. Fakat zamanla ahlaki meziyetlerini de kaybederek manevi cephesi de sarsıldı. Onun için eğitim öğretimsiz, öğretim de eğitimsiz yeterli ve başarılı olmayacaktır.

Bir Kıssa Bin Hisse: Marangoz

Yaşlı marangozun emeklilik çağı gelmişti. İşverenine emeklilik planından söz etti. İşveren iyi işçisinin ayrılmasına üzüldü. Ve ondan, kendine bir iyilik olarak, son bir ev daha yapmasını rica etti.

Marangoz kabul etti ve işe girişti, ne var ki gönlünün yaptığı işte olmadığını görmek pek kolaydı. Baştan savma bir işçilik yaptı ve kalitesiz malzeme kullandı. Kendini adamış olduğu mesleğine böyle son vermek ne talihsizlikti! İşini bitirdiğinde, işveren, evi gözden geçirmek için geldi. Dış kapının anahtarını marangoza uzatırken şöyle demişti: "Bu ev senin, sana benden hediye."

Marangoz şoka girdi. Ne kadar utanmıştı! Keşke yaptığı evin kendi evi olduğunu bilseydi! O zaman onu böyle yapar mıydı?

Bizim için de bu böyledir. Günbegün kendi hayatımızı kurarız. Çoğu zaman yaptığımız işe elimizden gelenden daha azını koyarız. Sonra da şoka girerek, kendi kurduğumuz evde yaşayacağımızı anlarız. Eğer tekrar yapabilsek, çok daha farklı yaparız. Ne var ki, geriye dönemeyiz.

Marangoz biziz. Her gün bir çivi çakar, bir tahta koyar ya da bir duvar dikeriz. "Hayat, bir kendin yap tasarımıdır." demiştir biri. Bugün yaptığımız davranış ve seçimler, yarın yaşayacağımız evi kurar. Öyle ise onu akıllıca kurmalıyız.

Ahlaksızlıktan Nasıl Korunuruz?

İnsan beyaz bir kâğıda benzer. İlk başta temiz ve lekesizdir. Zamanla kâğıtların kiminde az, kiminde çok noktalar oluşur. İnsanlar değerlendirme yaparken daha çok bu noktalara dikkat ederler. Hâlbuki insan aslında muazzam bir saflığı ve temizliği de bünyesinde bulundurur. Bazen noktalar dikkatimizi çeker de zeminin beyazlığının çokluğu ilgimizi çekmez. Ama ilgimizi çekmedi diye, o temiz bölümleri de hiçbir zaman yok sayamayız.

Çünkü insanlar melek veya bir peygamber olmadıkları için sıkça hata yapabilirler. Ancak bir müminin hataları iyiliklerinden çok olmamalıdır. Bazen bir müminin istemeyerek namazını bir gün kazaya bıraktığı olabiliyor. Ahlakında da istemeyerek hatalar olabilir. Namazın kazası olduğu gibi ahlakın da özrü olur. Unutulmamalı ki yüce Allah'ın hataları silen bir silgisi vardır.

Dikkat etmemiz gereken nokta, yaptıklarımızla Müslümanlığın kötü reklamını yapmamaktır. Peki, bunun için ne gerekiyor? Ahlaklı tavırlarımızı artırmaya çalışmak ve ahlaksızlığı kalıcı ve sürekli duruma getirmemek gerekiyor.

Geçmişin hatalarından arınmak, iyileşmede ilk evredir diyebiliriz. Ancak kaybedilen zaman ve iyilik açığının gelecekte nasıl kapatılacağı ister istemez akla takılacaktır. Hatta kimileri "Şunun şurasında kaç günlük ömrüm kaldı ki... Düzelsem ne yazar, düzelmesem ne yazar! Geçmişteki açıklarımı nasıl kapatırım?" diye karamsarlıklarını, gelecek günlerin kendilerine yetmeyeceği kuşkusunu dile getirirler. Eğer bu sözler, önceki yaşantılarına devam etme arzularının ifadesi değilse, ortada bir bilgi eksikliği var demektir.

İşte bu noktada, "sıkıntıya düşmemiz kendisine çok ağır gelen, kalbi bizim için titreyen ve bize karşı pek şefkatli ve merhametli olan" Efendimiz Hz. Muhammed (s.a.v.) imdadımıza yetişiyor ve İslam'ı güzel yaşayana, her iyiliği için on mislinden yedi yüz katına kadar kat kat iyilik yazılacağını müjdeliyor. (Müslim, İman, 205) O hâlde İslam'ı ihlasla, güzel yaşamak isteyenler için "kat kat sevap" kazanma şansı vardır. Hem de "Allah'a kavuştuğu" yani "vefat ettiği" zamana kadar. Hiç kimse ne kadar yaşayacağını bilemeyeceğine göre, vakit geçirmeden İslam'ı güzel yaşamaya niyet ve gayret etmekten, "Zararın neresinden dönülürse, orası kârdır." demekten başka kazançlı ve doğru bir yol bulunmamaktadır.

Bu arada akla gelebilecek bir soru da şudur: "İslam'ı güzel yaşayanın her iyiliğine on mislinden yedi yüz katına kadar mükâfat verildiğine göre, böyle birinin işleyeceği kötülüğün cezası da yine kat kat mıdır?" Mantıklı gibi gözüken bu sorunun cevabını da bir hadiste çok açık olarak bulmaktayız: *"İşleyeceği her kötülük, ancak misliyle yazılır."* (Buhârî, İman, 31) Nitekim bir ayette de *"Kim bir kötülük getirirse sadece onun dengiyle cezalandırılır, onlar haksızlığa uğratılmazlar."* (En'âm suresi, 6:160) buyurulmuştur. O hâlde bu noktada da herhangi bir endişeye gerek yoktur.

Çünkü Peygamber Efendimizin buyurduğu üzere, *"Her çocuk fıtrat üzere yaratılır."* (Buhârî, Cenâiz, 79, 80, 93) Yani aslında fıtraten biz doğal yaratılıyoruz. Bu doğallığımızı çevre yıpratıyor. İslam bu yıpranmışlığı tamir edip orijinaline döndürüyor. En basit örneği şudur: Çocuklar yalan söylemeyi beceremezler. Çünkü çocuğun fıtratında yalan yoktur. Yapmamız gereken tekrar yıpranmış olan doğallığımızın temiz hâline geri dönmek için gayret göstermektir.

İşte bu anlamda bize yardımcı olabilecek bazı dinî tekniklerden bahsedeceğiz. Bu teknikleri alışkanlık hâline getirmemiz durumunda kendimizi ahlaksızlıktan koruyabilmenin ipuçlarını da öğrenmiş olacağız. Kur'an ve sünnette ahlaki açıdan insana moral ve motivasyon kazandıran, onu teskin eden, ruhen takviye edip güçlendiren, ona huzur ve güven kazandıran bu teknikler ahlaksızlıktan kendimizi korumak için önemli imkânlardır.

Allah'la Birliktelik (Zikir)

Bilinçli bir insan sürekli Allah Teâlâ ile birlikte olduğunu hissetmelidir. Bu konuda Kur'an'da şöyle buyurulur: *"Nerede olursanız olun O sizinle beraberdir."* (Hadîd suresi, 57:4) Kur'an, insanın Rabbi ile sürekli birlikte oluş hâlini, onun kul olma şuurunu canlı tutması ile mümkün görmektedir. İnsan bunun için yaratılmıştır. Ayrıca hayat, kulluğun iyi yapılıp yapılmadığını ortaya çıkarmak için bir imtihan alanıdır. Kur'an'da, *"Dikkat edin, Allah'ı anmakla kalpler rahata kavuşur."* (Ra'd suresi, 13:28) buyurulmuştur. Dolayısıyla, Allah'ı bu şekilde anmakla huzura kavuşan kalpte korku, endişe, umutsuzluk, çaresizlik duygularının verdiği sıkıntılar kalmaz. İşte bu anlamdaki zikir, kişiyi ahlaksızlıktan uzaklaştıran çok önemli ve rahatlatıcı bir etkendir.

Yine Yüce Allah Kur'an'da, *"Andolsun, insanı biz yarattık ve nefsinin kendisine fısıldadıklarını biliriz ve biz ona şah damarından daha yakınız!"* (Kâf suresi, 50:16) buyuruyor. Mümin, Allah'ın kendisine şah damarından daha yakın oluşunun idrak ve bilincine sahip olur ve buna layık görüldüğünü hissedebilirse içini derin bir şükran duygusu kaplar. İnsanı yatıştırıcı, rahatlatıcı, huzura kavuşturucu bir diğer etken de işte bu şükran duygusudur. İnsan şükran duygusunu ne kadar yoğun ve içten hissedebilirse o ölçüde güven ve tatmin duygusuna ulaşır, korku ve endişeleri kaybolur, inançsızlığı silinir, umutları ve ahlaki motivasyonu artar. Ancak Allah'ı anma işinin ahlaki motivasyonda etkili bir teknik olarak değerlendirilip sonuç alınabilmesi sıradan bir iş olmayıp bilgili, bilinçli ve dikkatli bir çabayı gerektirir. Bunun için bir ön hazırlık yapılması, namaz sonrası gibi uygun bir zamanın gözetilmesi, manevi bir ortamın ve atmosferin hazırlanması yerinde olur.

Bir Kıssa Bin Hisse: Cumanın Armağanı

Sevgili Peygamberimiz (s.a.v.) şöyle buyurdu:

"Cebrâil (a.s.) elinde beyaz bir ayna olduğu hâlde bana geldi ve 'İşte bu cumadır. Sana ve senden sonra ümmetine bayram olması için, Rabbin bunu sana takdim ediyor.' dedi.

Bu günde hayırlı bir saat vardır, kim ki o saate tesadüf eder, Allah'tan hayırlı bir şey diler ve o şey taksimatında var ise Allah onu ona verir, yok ise ondan daha hayırlısını kıyamette verir.

Kim ki, bir miktar belanın kaldırılması için o saatte dua ederse Allah duasını kabul eder ve daha büyüğünü üzerinden kaldırır.

Bu gün, bize günlerin en ulusudur. Ahirette bu güne 'Mezid Günü' deriz. Ahirette 'Mezid Günü' denmesinin hikmetini sorduğumda, Cebrâil 'Allah cennette miskten daha güzel kokan beyaz bir vadi yaratmıştır. Cuma günü olduğu vakit kullarını buraya davet eder. Cennetlik olanlara tecelli eder. Onlar da cemalini seyrederler.' dedi."

Sistematik Düşünme (Tefekkür)

Allah insana üç temel güç vermiştir. Bunlar akıl, duygu ve iradedir. "Akıl" düşünmeyi, değerlendirmeyi ve muhakeme etmeyi sağlayan güçtür. "Duygu (nefis)" arzu ve eğilimleri temsil eden ve bilinç dışı çalışan sürükleyici güçtür. "İrade" ise duyguların sürükleyiciliğine karşı aklın gösterdiği yönde kararlılığı sağlayan güçtür. Akıl doğruları ve değerleri ortaya koyarken, nefis bunları ters yöne sürükler. Kur'ân-ı Kerîm'de, *"Şüphesiz ki nefis daima kötülüğe sürükler!"* (Yûsuf suresi, 12:53) buyurularak nefsin görevine dikkat çekilirken sıkça aklın kullanılması öğütlenmek suretiyle de aklın doğruya götüreceğine işaret edilmektedir.

Akılla ulaştığımız doğruyu ve yanlışı irdelemek, iyiyi ve kötüyü değerlendirmek, faydalıyı ve zararlıyı ayırt etmek, hayatın anlamını ve gayesini düşünmek, varlıklara ve olaylara ibret nazarıyla bakmak, geçmişi ve bugünü karşılaştırarak geleceği hesap etmek, tefekkür kapsamındaki işlerdir. Bu şekildeki anlamlı ve kapsamlı bir tefekkür, insanı akıl yönünden geliştirecek ve iradesini güçlendirecektir. İnsan iradesini güçlendirdikçe de sevgi, haz, elem, öfke, nefret gibi duygularını akıl, mantık ve meşruiyet sınırları içinde tutmayı başaracak, böylece duygusal dinginliği ve ruhsal dengeyi sağlamış olacaktır. Böylece karşılaştığı birtakım olumsuzluklar yüzünden sıkıntıya düşüp umutsuzluk, çaresizlik, karamsarlık gibi zihinsel problemler yaşayan kişiyi olaylar ve gerçekler üzerinde düşündürmek önemli bir ahlaki tedavi sağlayabilir. Ona insan olarak sahip olduğu güçleri, imkânları hatırlatılır, başarı örnekleri gösterilir, bu sorunla sadece onun karşılaşmadığı, bunun hayatın bir gerçeği olduğu, çok kimsenin bu tür zorlukların üstesinden geldiği anlatılabilir. Ayrıca, kendisinden çok daha kötü durumda olanların hâllerini, açlık, çaresizlik içinde kıvrananların, onulmaz hastalığa tutulmuş olanların, bir uzvundan yoksun sakat ve özürlülerin durumlarını düşünmek kişiye kendi durumunun her şeye rağmen onlardan daha iyi olduğunu gösterir, acılarını unutturur. Sahabenin ileri gelenlerinden Ebû Zer el-Gıfârî şöyle demiştir: "Dostum (Resûlullah) durumu benden iyi olanlara değil, durumu benden kötü olanlara bakmamı tavsiye etti." (Ahmed b. Hanbel, Müsned, 5:159) Hz. Peygamber'in bu tavsiyesi herkes için rahatlatıcı ahlaki bir reçetedir.

Tefekkürün ahlaka rehberlik edici, rahatlatıcı, huzura kavuşturucu sonuç verdiği bir durum da fıtratımızda bulunan zıtlıkların insanı huzursuz ettiği, bunalttığı sırada ortaya çıkar. Her birimiz hem iyi hem de kötüyüzdür, hem güçlü hem de zayıfızdır, hem korkak hem de yürekliyizdir. Kusursuzluk sevdasındayızdır ama kusurlardan kurtulamayız. Bu zıtlıklardaki dengeyi, ahengi ve hikmeti derinlemesine düşünüp kavrayamadığımız takdirde onların mevcudiyetinin anlamsızlığı bizi bunaltır.

Zıtlıkların bütünleştirilmesi bir psikoterapi görevi ise de bunun Allah'ın hikmeti ve varoluştaki ilahî takdirin hayatı dengeleme iradesinin gereği olarak kavranması ve açıklanması bir tefekkür olayıdır. Aslında bu zıtlıkların anlamlandırılması güçlüğünde manevi bağlantılar daha etkili sonuçlar vermektedir.

Bir Kıssa Bin Hisse: Ne Kadar Talihlisiniz!

Buzdolabınızda yiyecek bir şeyler, Sırtınızda bir elbiseniz, başınızın üstünde bir çatı ve uyuyacak bir yatağınız varsa, bu dünyada yaşayan insanların yüzde yetmiş beşinden daha zenginsiniz demektir.

Cüzdanınızda paranız, bir yerlerde saklı altın ya da döviziniz varsa, dünyanın en varlıklı yüzde sekizi arasında olduğunuzu bilin.

Bu sabah kalktığınızda kendinizi sağlıklı hissettinizse, hafta sonunu göremeyecek milyonlardan daha talihli olduğunuz açıktır.

Eğer bir savaşın korkunçluğunu içinde yaşamamış, hapishanenin yalnızlığını tatmamış, işkence acılarından, açlık içinde kıvranmamışsanız, bu dünyada yaşayan beş yüz milyon insandan daha önde olduğunuzu unutmayın.

Anne ve babanız hâlâ birbirleri ile evli ve hayattalarsa, bu şansa sahip çok ender evlatlardan olduğunuzu da bilin.

Yüzünüzde bir gülümseme ile başınızı dik tutabiliyorsanız, Allah'ın sevdiği kullarından birisi olduğunuza inanın. Çünkü hemen herkes bunu yapabilir, ama çoğu da yapmaz.

...ve eğer bu yazıyı okuyabiliyorsanız, bu dünyada okuyacak hiçbir şeyi olmayan iki milyar insandan çok ama çok talihli olduğunuzu aklınızdan çıkarmayın.

Kur'an Okumak

Bütün dinler manevi duyguları geliştirip güçlendirmede kutsal metin okumayı önemli bir yol olarak kabul etmişlerdir. Hemen bütün dinlerde ibadet ve ayinler kutsal metinler okunarak yapılır. İslam dininin en temel ibadeti olan namaz da ancak Kur'an ve dua metinleri okunarak kılınabilir. Ayrıca sadece Kur'an okumak ve dinlemek bile başlı başına bir ibadet sayılır. Çünkü Kur'an okumak müminin Allah'a olan inancını ve güvenini artırır. Yüce Allah buyuruyor ki: *"Müminlere Allah'ın ayetleri okunduğu zaman imanları artar ve Rablerine tevekkül ederler."* (Enfâl suresi, 8:2)

Ayrıca, Kur'an'da *"Rahmân'ın zikrinden gafil olana bir şeytanın arkadaş olacağı"* (Zuhrûf suresi, 43:36-37) bildirilmiştir. Kur'an da Allah'ın zikridir. Bu nedenle asr-ı saadette "Müslüman evi" deyince sokaklara arı uğultusu gibi Kur'an seslerinin taştığı evler anlaşılırdı. Her Müslüman evi, bir Kur'an okulu gibiydi. Bu nedenle Allah Resulü *"Kalbinde Kur'an'dan bir miktar bulunmayan kimse harap bir ev gibidir."* (Tirmizî, Fezâilu'l-Kur'ân, 18) buyurmuştur.

Kur'an, okuyanı diri tutar. Tıpkı önderimiz Hz. Peygamber ve ashabı gibi Kur'an'ı şifa ve rahmet kaynağı olarak okumalı, anlamalı ve anladıklarımızı hayata taşımalıyız. Bu sebeple duruma göre uygun Kur'an okuma periyotları düzenlenebilir. Özellikle cezaevlerindeki mahkûmlara, huzurevlerindeki yaşlı ve düşkünlere günün belli saatlerinde usulüne uygun (abdest alıp kıbleye dönerek, mushafı tazimle tutarak) Kur'an okuma seansları düzenlenebilir. Aynı şekilde aile içinde belli günlerde ve saatlerde Kur'an ve hadis metinlerini, diğer yararlı kitapları okumayı gelenekleştirmek, bunu sıkıcı olmayacak uzunluk ve sıklıkta sürdürmek, aile huzur ve sükûnu için büyük yararlar sağlayacaktır.

Kendini Denetleme

Ahlaksızlıktan korunmanın yollarından biri de nefis muhasebesi yapmaktır. Böylece kişi dinî duygu, düşünce ve davranışlarını denetleyerek onları bir düzene koyar. İslam dinine göre kişinin öz denetim yapması, yanlışlıklardan kurtulmasının bir yolu olarak görülür ve Müslümanların sürekli kendilerini denetlemeleri istenir. Kendini denetleme sadece yapılan yanlışlıkların azalmasına yol açmakla kalmaz, zamanla ortaya çıkan moral bozucu terslik ve aykırılıkların da doğru ve anlamlı bir şekilde yorumlanmasına yardımcı olur.

Kur'ân-ı Kerîm'de,*"Ey İman edenler! Siz kendinizi düzeltin. Siz doğru yolda olursanız yoldan sapan kimse size zarar vermez."* (Mâide suresi, 5:105) buyurularak öz denetimin güvenli bir yol olduğuna dikkat çekilmiştir.

Hz. Peygamber de insanları öz denetim yapmaya çağırarak şöyle buyurur: *"Akıllı kişi nefsini hesaba çeken ve ölümden sonrası için çalışan, âciz kimse ise nefsinin isteklerine uyan ve Allah'tan (olmayacak şeyler) isteyen kimsedir."* (İbn Mâce, Zühd, 31)

İnsanın kendini denetlemesi, yanlışlıklarını itiraf ederek bir iç kontrol sağlanması, kendi başına kolaylıkla gerçekleştirebileceği bir durum değildir. Genellikle kişi yaptığı her şeyin doğru olduğunu kabul etme eğilimindedir. Bu sebeple yüce Allah *"Nefislerinizi temize çıkarmayınız!"* (Necm suresi, 53:32) uyarısında bulunmuştur.

Kendini denetlemenin bir yolu da empati kurmaktır. Empati, bir insanın kendisini muhatabının yerine koyarak onun duygu ve düşüncelerini, beklentilerini anlamaya, onun gibi düşünmeye çalışması ve kendi konumunu ona göre belirlemesi demektir. Bir başka deyişle empati, insanın başkasına yapmayı planladığı bir davranışın ya da takınmak istediği tavrın daha hafifini kendisine yaparak etkisini görmesini ve ona göre yapıp yapmamaya karar vermesini gerektirir.

Nefisle Mücadele (Sabır)

Sabır ruhun bir melekesidir, güzel bir huydur. "Sabır acıdır, meyvesi tatlı.", "Sabırla koruk helva, dut yaprağı atlas olur.", "Sabreden derviş muradına ermiş.", "Sabreyle işine, hayır gelsin başına.", "Sabrın sonu selamettir." gibi atasözleri de sabrın kültürümüzdeki önemine işaret eder.

Birçok ahlaki fazilete kaynaklık etmesi sebebiyle Kur'an'da müminlere ısrarla emredilen sabrın insan için ahlaki, bireysel ve ruhsal birçok faydası vardır, ama onun asıl faydası ahirete yöneliktir. Çünkü cennete ancak sabreden insanlar vâris olacaktır. Yüce Allah, dünya hayatı boyunca güzel ahlakı yaşamakta sebat gösteren ve hak yolunda her türlü zorluğa katlanan müminlerin mükâfatlarını ahirette en güzeliyle ve hesapsız olarak vereceğini bizlere şöyle haber vermektedir:

"Biz sabredenlerin karşılığını, yaptıklarının en güzeliyle vereceğiz." (Nahl suresi, 16:96)

"Sabredenlerin mükâfatları hesapsız ödenecektir." (Zümer suresi, 39:10)

"Ancak sabredip salih amel işleyenler böyle değildir. İşte onlar için bağışlanma ve büyük bir mükâfat vardır." (Hûd suresi, 11:11)

Hele bu sabırlı kimseler bir araya gelip bir cemaat olurlarsa Allah'ın yardımına mutlaka ererler. Allah onların daima dostu ve velisi olur. Dualarına cevap vermek için Allah'ın yardımı daima onların yanlarında dolaşır.

Bir Kıssa Bin Hisse: Bambu Ağacı

Çinliler bambu ağacını şöyle yetiştirir:

Önce ağacın tohumu ekilir, sulanır ve gübrelenir. Birinci yıl tohumda herhangi bir değişiklik olmaz. Tohum yeniden sulanıp gübrelenir. Bambu ağacı ikinci yılda da toprağın dışına filiz vermez.

Üçüncü ve dördüncü yıllarda her yıl yapılan işlem tekrar edilerek bambu tohumu sulanır ve gübrelenir. Fakat inatçı tohum bu yılda da filiz vermez. Çinliler büyük bir sabırla beşinci yılda da bambuya su ve gübre vermeye devam ederler.

Ve nihayet beşinci yılın sonlarına doğru bambu yeşermeye başlar ve altı hafta gibi kısa bir sürede boyu yaklaşık yirmi yedi metreye ulaşır.

Akla gelen ilk soru şudur: Çin bambu ağacı yirmi yedi metre boyuna altı haftada mı, yoksa beş yılda mı ulaşmıştır? Bu sorunun cevabı tabii ki beş yıldır.

Büyük bir sabırla ve ısrarla tohum beş yıl süresince sulanıp gübrelenmeseydi ağacın büyümesinden, hatta var olmasından söz edebilir miydik?

Musibet Anında Sabır

Dünyada nimet, iyilik ve ihsan ile çaresizlik, yoksulluk ve sıkıntı arasına sıkıştırılmış bir hayat vardır. İnsan bu hayatın içinde bazen iyi durumda, bazen de çaresizlik içinde hayatını devam ettirir. Nitekim Yüce Allah Kur'an'da, insanı çeşitli bela ve musibetlerle sınava tabi tutacağını şöyle haber vermiştir: *"Andolsun ki sizi biraz korku ve açlıkla, bir de mallar, canlar ve ürünlerden eksilterek deneriz. Sabredenlere müjdele."* (Bakara suresi, 2:55) Ayette müminlerin ileride karşılaşacakları sınama amaçlı başlarına gelecek ölüm, hastalık, korku, açlık, üzüntü ve yoksulluk gibi musibetlerden söz ediliyor.

Peygamber Efendimiz (s.a.v.) de, *"Müminin işi tuhaftır, her işi hayırdır. Böylesi bir özellik sadece müminde vardır. Sevindirici bir işle karşılaşsa şükreder, o iş kendisi hakkında hayırlı olur. Üzücü bir işle karşılaşsa sabreder kendisi için hayırlı olur."* (Müslim, Zühd, 64) *"Hiç kimseye sabırdan daha hayırlı bir ödül verilmemiştir."* (Müslim, Zekât, 124) hadîs-i şeriflerinde sabrın kişiye kazandırdıklarına dikkat çekmiş ve insanları sabretmeye teşvik etmiştir.

Hz. Eyyûb'un Örnek Sabrı: Allah'tan gelen bela ve musibetler karşısında takınılması gereken tavrı Hz. Eyyûb kıssasında görmekteyiz. (Sâd suresi, 38:41-44) Hz. Eyyûb sabır imtihanını başarıyla bitirdi. Ne zenginlik, ne fakirlik ne de dayanılmaz hastalıklar ona gaflet vermedi, onu Rabbi'ne ibadetten döndüremedi. (Sâd suresi, 38:44)

Hz. Eyyûb, uzun yıllar sabretmiş ve Allah'ın merhametine sığınarak Rabbi'ne şöyle yakarmıştı: *"Şüphesiz ki ben derde uğradım, sen ise merhametlilerin en merhametlisisin."* (Enbiyâ suresi, 21:83) Allah'ın merhametine sığınan bu yakarıştan sonra Allah da duasını kabul etmiş, sabretmesinin bir mükâfatı olarak ona hem fiziksel sağlığını hem de kaybettiği aile ve servetini fazlasıyla geri vermiştir. (Sâd suresi, 38:41-44)

Bir Kıssa Bin Hisse: Kartalın Yeniden Doğuşu

Kartal, kuş türleri içinde en uzun yaşayandır. Yetmiş yıla kadar yaşayan kartallar vardır. Ancak bu yaşa ulaşmak için, kırk yaşlarındayken çok ciddi ve zor bir karar vermek zorundadır.

Kartalın yaşı kırka dayandığında pençeleri sertleşir, esnekliğini yitirir ve bu nedenle de beslenmesini sağladığı avlarını kavrayıp tutamaz duruma gelir. Gagası uzunlaşır ve göğsüne doğru kıvrılır. Kanatları yaşlanır ve ağırlaşır. Tüyleri kartlaşır ve kalınlaşır. Artık kartalın uçması iyice zorlaşmıştır. Dolayısıyla kartalın burada iki seçimden birisini yapması gerekir.

Ya ölümü seçecektir ya da yeniden doğuşun acılı ve zorlu sürecini göğüsleyecektir.

Bu yeniden doğuş süreci yüz elli gün kadar sürecektir. Bu yönde karar verirse kartal bir dağın tepesine uçar ve orada bir kaya duvarda, artık uçmasına gerek olmayan bir yerde yuvasında kalır. Bu uygun yeri bulduktan sonra kartal gagasını sert bir şekilde kayaya vurmaya başlar. En sonunda kartalın gagası yerinden sökülür ve düşer.

Kartal bir süre yeni gagasının çıkmasını bekler. Gagası çıktıktan sonra bu yeni gaga ile pençelerini yerinden söker çıkarır. Yeni pençeleri çıkınca kartal bu kez eski kartlaşmış tüylerini yolmaya başlar.

Beş ay sonra kartal, kendisine yirmi yıl veya daha uzun süreli bir yaşam bağışlayan meşhur yeniden doğuş uçuşunu yapmaya hazır duruma gelir.

Kartalların yeniden doğuşu gibi, bizim de yeniden bir doğuşumuz vardır. Zafer uçuşumuzu sürdürmek için bize acı veren eski alışkanlıklarımızdan, geleneklerimizden ve anılarımızdan kurtulmak zorundayız. Hayatımızı değiştiren bir kitap okuyarak, hayatımızı sorgulayarak, her şeye yeniden başlayabiliriz.

Unutmayalım ki biz değişmek istemedikten sonra, bizi hiç kimse değiştiremez.

Dava Bayraktarlığında Sabır

Tarihten günümüze bütün peygamberler ve onların çağrısına icabet eden müminler inançlarından dolayı zulme hedef olmuş, çeşitli eziyetlere uğramış ve bu uğurda mücadele vermek zorunda kalmışlardır. Bu sabrın en güzel örneklerinden birini Hz. Mûsâ kıssasında görmekteyiz. Hz. Mûsâ'nın mücadelesinin sonucu olarak Firavun'un çevresindekilerden bazıları Allah'a iman ettiler. Firavun ceza olarak iman edenlerin ellerinin ve ayaklarının çaprazlama kesilmesini ve erkek çocuklarının öldürülmesini emretti. (A'râf suresi, 7:123-124, 127) Henüz yeni iman etmiş olmalarına rağmen bu müminler, inançlarından dolayı başlarına gelebilecek musibetlere karşı sabrederek direneceklerini ifade etmişler ve dönemin zalimine karşı Allah'tan yardım isteyerek şu sözlerle cevap vermişlerdir: *"Sen sırf Rabbimizin ayetleri bize geldiğinde iman ettiğimiz için bize hınç duyuyorsun. Ey Rabbimiz! Üzerimize sabır yağdır ve bizim canımızı Müslüman olarak al!"* (A'râf suresi, 7:126) Müminlerin bu cevabı, netice ne olursa olsun sıkıntı ve zorluklara dayanma gücünün ve imanda tam sebatın bir ifadesi olmuştur.

Sevgili Peygamberimiz ve ilk Müslümanların, yapılan işkence ve eziyetlere nasıl sabır ve tahammül gösterdikleri de bilinen bir husustur. Habbab bin Eret, İslam'la şereflenen bu ilk bahtiyarlardandır. Müşrikler tarafından çok ağır işkencelere tabi tutulmuş, dayanılması zor acılara sabretmiş ve imanından zerre kadar taviz vermemiş cefakâr, yiğit bir delikanlıdır. Bir gün yapılan işkencelere dayanamayıp Resûl-i Ekrem Efendimizin huzuruna gelen

Habbab'ı Efendimiz teselli etti ve onun sırtını okşayarak *"Yâ Rabbi! Habbab'a yardım et!"* diye dua buyurdu. (Buhârî, Menâkıbu Ensâr, 28) Bir iman eri olan Habbab'ın çile dolu hayatı İslam davasında sabrın, sebatın ve kararlılığın en güzel örneklerinden olmuştur.

Bir Kıssa Bin Hisse: Ashab-ı Uhdud ve Bir Çocuk

Ashab-ı Uhdud'la ilgili hemen her tefsir kitabında anlatılan bir olay vardır. Tirmizî, Müslim ve Ahmed b. Hanbel'in *Müsned*'i gibi bir kısım hadis kitaplarına dayanılarak anlatılan olay şudur:

Bir kralın bir büyücüsü vardır. Yaşı epeyce ilerleyen büyücü, krala: "Ömrüm sona yaklaştı. Bana bir çocuk ver de ona büyü öğreteyim." der. Kralın kendisine verdiği çocuğa büyü öğretmeye başlar. Fakat büyücü ile kral arasında bir rahip vardır ve çocuk bir gün o rahibin yanına uğrar. Rahibin anlattığı şeyler çocuğun daha çok hoşuna gider. Bir gün halkın gittiği yol üzerine korkunç bir canavar çıkar. Çocuk yerden bir taş alır:

"Allahım, eğer sen rahibin yaptıklarını büyücünün yaptıklarından daha çok seviyorsan bu hayvanı öldür, insanlar yollarına gitsinler!" diyerek taşı atar. Canavar ölür, insanlar da yollarına giderler. Çocuk bu olayı rahibe anlatınca, rahip: "Oğlum, sen şimdi benden üstünsün. Bundan ötürü imtihan edilebilirsin. İmtihan anında beni ele verme." der.

Gün geçtikçe çocuk daha bir seviye kazanır ve meşhur olur. Öyle ki körü, abraşı (alaca hastalığı) ve diğer hastaları iyileştirmeye başlar. Derken, bir gün kralın kör olan bir nedimi de kendisini iyileştirmesi için çocuktan istekte bulunur. Çocuk ona: "Ben kimseyi iyi edemem, ancak Allah iyi eder. Eğer Allah'a inanırsan, O sana şifa verir." cevabını verir.

İyi olan nedim, kralın yanına gidince, kral hayret eder ve bunu kimin yaptığını sorar. Nedim: "Rabbim iyi etti." diye cevap verir.

Kralın: "Yani ben mi?" sorusuna ise: "Hayır, benim de Rabbim, senin de Rabbin olan Allah!" cevabını verir. Kral: "Senin benden başka Rabbin mi var?" diyerek nedime çıkışır ve ona eziyet etmeye başlar.

Yapılan işkenceye dayanamayan nedim, sonunda çocuğun adını söyler. Kral, çocuğu çağırtıp ondan da aynı cevabı alınca, ona da işkence etmeye başlar ve bu fikrin rahipten çıktığını öğrenir. Kral üçünü de çağırarak dinlerinden dönmelerini ister ve onları ölümle tehdit eder. Bunlar inançlarında ısrar edince, rahibi de nedimini de testereden geçirir. Çocuğa gelince, onu da yüksek bir dağdan aşağıya atmaları için adamlarına teslim eder.

Ne var ki çocuk, "Allahım, beni bunlardan kurtar!" diye dua edince, dağ sarsılır ve kralın adamları aşağı yuvarlanır. Adamlardan kurtulan çocuk da tekrar kralın yanına gelir ve adamlarının başına gelenleri anlatır.

Kral bu kez çocuğu başkalarına teslim eder ve eğer dininden dönmezse onu denizin derin bir yerine atmalarını emreder. Çocuk, duasıyla onlardan da kurtulur ve krala gelerek, söylediklerini yapmadığı sürece kendisini öldüremeyeceğini bildirir.

Ardından da insanları bir yere toplayıp kendisini bir dala asmasını, sonra da torbasından bir ok çıkararak, "Çocuğun Rabbi olan Allah'ın adıyla!" diyerek atmasını ve ancak bu şekilde kendisini öldürebileceğini ifade eder.

Kral, çocuğun söylediklerini yapar. Ok çocuğun bağrına saplanır ve çocuk ölür. Olup bitenleri izleyen halk, "Biz çocuğun Rabbi'ne inandık." derler. Bunun üzerine kral, hendekler kazdırıp içlerini ateşle doldurtur ve inananları o hendeklere attırır. Nihayet sıra kucağında küçük bir çocuğu bulunan bir kadına gelince, kadın ateş çukuruna düşmekten korkar ve geri geri çekilir. Bunun üzerine kadının çocuğu dile gelerek annesine, "Ey anneciğim, sabret! Çünkü sen, hak üzeresin!" der.

(Müslim, Zühd, 73)

Zorluklara Karşı Mücadelede Sabır

Bir buğdayı düşünün. İnsana gıda ve kuvvet, dizlerine derman, gözlerine nur ve yaşamasına esas olabilmesi için, buğdayın toprağın bağrına gömülmesi, toprakla mücadele ede ede filizlenip gelişmesi gerekir. Sonra biçilip harmanda dövülmesi, samandan ayrılıp değirmende öğütülmesi, teknelerde yoğurulup hamur hâline getirilmesi, fırınlara atılıp ateşte pişirilmesi, sonra dişlerle bir kere daha parçalanıp mideye gönderilmesi şart ve zorunludur. Bir buğday nimet olup baş tacı olmak için bu kadar zorluğa katlanıyorsa, Allah'ın emirlerini yerine getirebilmek, nefsin hoş gördüğü ama aklın ve dinin hoş görmediği şeylerden kaçınmak ve üstün bir ahlaka sahip olabilmek de ancak sabır ahlakına sahip olmakla mümkün olabilir. Bunun en güzel örneğini Yûsuf kıssasında görmekteyiz. Kur'an'da Hz. Yûsuf'un kardeşleri tarafından kuyuya atılması, onu kuyudan çıkaran kafile tarafından Mısır'da köle olarak satılması, bir iftira sonucu cezaevine girmesi ve ailesinden çok uzaklarda kardeşlerinin tuzağı ve ailesinden ayrılmanın acısıyla dolu bir hayatı sürdürmesi anlatılır.

Bütün bunlara rağmen Hz. Yûsuf, inandığı değerleri korur, başına gelenlere sabreder, hayata dair iddialardan vazgeçmez. Sabretmesinin bir karşılığı olarak Allah ona rüyaları yorumlama kabiliyeti verir, onun zindandan çıkmasını ve maliyeden sorumlu yöneticiliğe getirilmesini sağlar. Yûsuf'un bu başarısı Kur'an'da şöyle zikredilir: *"Kardeşleri, 'Yoksa sen, sen Yûsuf musun?' dediler. O da, 'Ben Yûsuf'um, bu da kardeşim. Allah bize iyilikte bulundu. Çünkü kim kötülükten sakınır ve sabrederse şüphesiz Allah iyilik yapanların mükâfatını zayi etmez.' dedi."* (Yûsuf suresi, 12:90)

Bu kıssada Allah Teâlâ, tüm sıkıntı ve zorluklar karşısında yılmayıp sabrederek davasında sebat gösterenlerin ve hayırlı işlerde bulunanların, bu davranışlarını boşa çıkarmayacağını, ödüllerini en güzel bir şekilde vereceğini bildirmiş, bela ve musibetler karşısında sabretmeleri durumunda başarıya ulaşabileceklerini dile getirmiştir.

Bir Kıssa Bin Hisse: Taşın Oğlu

Hayatın zorluklarına karşı mücadele konusunda "Taşın Oğlu" adlı yaşanmış bir hikâye, bize hayatımızda azim ve kararlılıkla hedefe sabırla koşarsak mutlaka başarılı olacağımızı şöyle anlatır:

İbn Hacer, öğrencilik yıllarında dersleri anlayamayışı yüzünden sık sık başarısız oluyordu. Öyle ki kendisinin başarısızlığa mahkûm olduğunu düşünerek okuldan ayrılmaya karar vermişti. Üzüntüyle memleketine dönerken mola verdiği bir mağaranın tavanından düşen su damlalarının zemindeki sert taşta derin bir çukur açtığını gördü ve düşünmeye başladı:

"Benim kafam bu taştan daha kalın ve sert değildir. Damlalar taşa iz bırakır da çalıştığım dersler benim kafamda nasıl iz bırakmaz?

Öyleyse bu su damlaları gibi yılmadan, azimle ve devamla çalışıp öğrenmeye devam etmeliyim!"

İbn Hacer hemen geri döndü ve hedefe ulaşmak için azimle çalışmaya başladı. Neticede büyük ve meşhur bir âlim olarak ilim tarihindeki yerini aldı. Yazdığı eserlere de imzasını İbn Hacer (Taşın Oğlu) diye atarak azmin elinden hiçbir şeyin kurtulamayacağını, sabrederek çalışanların mutlaka başarılı olacaklarını anlatmak istedi.

Allah'ın Takdirine Rızada Sabır (Tevekkül)

Tevekkülün sabır ile olan bağlantısı şu şekilde açıklanabilir: Sabırlı kişi, aynı zamanda sonsuz bağ içinde Allah'a güvenen ve yönelen kişidir. Çünkü bir bela ve musibete maruz kalan kişi, bunların Allah'ın takdiri olduğunu bilir, sabırla ve namazla Allah'a yönelerek Ondan yardım ister. Aynı zamanda kişi, meşru bir hedefe ulaşmak için gerekli şartları yerine getirmeye çalışırken karşılaştığı sıkıntılara sabrederek işin sonucunu Allah'a havale eder, Onun takdirine rıza gösterir. Bu husus Kur'an'da açıkça ifade edilmiştir: *"Çalışanların mükâfatı ne güzeldir. Onlar, sabreden ve yalnız Rableri'ne tevekkül eden kimselerdir."* (Ankebût suresi, 29:58-59) Buna göre çalışma, sabır ve tevekkül birlikte olacaktır. Çalışmadan işleri Allah'a havale etmek doğru olmadığı gibi, Allah'ı devre dışı bırakmak da doğru değildir. Yüce Allah, *"Ey iman edenler! Eğer siz*

Allah'a yardım ederseniz, O da size yardım eder ve ayaklarınızı sabit kılar." (Muhammed suresi, 47:7) *"Eğer Allah size yardım ederse artık sizi yenecek yoktur. Eğer sizi yardımsız bırakırsa ondan sonra size kim yardım edebilir? Müminler ancak Allah'a tevekkül etsinler."* (Âl-i İmrân suresi, 3:160) buyuruyor. Allah'ın bize yardım etmesi için bizim İslam'a hizmet etmemiz gerekir. Peki, bu nasıl olacak? Bunun anlamı, herkes bulunduğu ülkede Allah'ın kendisine verdiği akıl, beden, mal, mülk, diploma, makam, unvan, rütbe gibi bütün güçlerini İslam için seferber etmesi demektir. Ayette geçen "tevekkül" kişinin yapacağı iş konusunda kendisine düşen görevleri gücü yettiği kadar yerine getirdikten sonra Allah'a tevekkül etmesidir. Yani tarlaya tohumu attıktan, sulayıp ilaçladıktan sonra sonucu Allah'a havale etmesidir.

Bir Kıssa Bin Hisse: Allah'a Dayanmak Gerek!

Kumandanlarından biri bir zafer dönüşünde Halife Hz. Ömer'in huzuruna çıktı. Yanında kısa boylu, tıknaz biri bulunuyordu. Hz. Ömer: "Bu kim?" diye sordu. Kumandan anlattı: "Efendim bu benim sağ kolumdur. Hangi görevi verdimse başarı ile tamamladı. En gizli haberleri yerine ulaştırdı. Bazen bir orduya bedel hizmet gördü. Zaferlerimi onun sayesinde kazandım diyebilirim."

Aradan zaman geçti, aynı kumandan halifenin huzuruna yeniden çıktı, ama mağlup bir kumandan olarak. Halife sordu: “Hani sağ kolun nerede?” Kumandan, “Sormayın yâ Ömer, ihanet etti, düşman tarafına geçti.” diye cevap verdi.

Hz. Ömer bu defa konuştu: “Allah’tan başka hiç kimseye dayanmamak gerektiğini geçen sefer söyleyecektim vazgeçtim. Bir musibet bin nasihatten yeğdir diye düşündüm.”

Maneviyatsız Müslüman Olur Mu?

İnsan maddi ve manevi olmak üzere iki boyutludur. Bu iki boyutun her birinin değişik ihtiyaçları vardır. İnsan bu ihtiyaçlara ulaşamadığı dönemlerde çok büyük sorunlarla karşılaşmıştır. Elbette insanın maddi olan ihtiyaçları büyük bir oranda maddi ilerlemeler vasıtasıyla temin edilmiştir. Fakat maneviyata önem vermediğinden dolayı manevi açıdan büyük sorunlarla karşı karşıya gelmiştir. Sonuçta da hepimizin gördüğü gibi maddi imkânların tümüne sahip olduğu hâlde, fikrî planda bir türlü rahatlayamamakta; çoğu zaman sıkıntılı ve meşakkatli, fakat sade ve gösterişsiz olan eski hayata dönmeyi arzulamaktadır. Bu nedenle de eskinin özlemini çeken insanlara sık sık rastlamaktayız.

Bugünlerde çoğu kimse bu rahatsızlıkların suçunu medeniyete yüklemekte ve insanların fikirsel rahatsızlıklarla karşılaşmasının medeniyetin eksikliği olduğunu iddia etmektedirler. Oysa ki işin gerçeği böyle değildir. Çünkü medeniyet denilen şey gerçek anlamıyla dünyadakilere rahattan ve kemalden başka bir şey bağışlamamıştır. Bu talihsizlikler sadece ve sadece insanların kendi kötü düşüncelerinden doğmuştur. İnsan zamanla iyiyi kötüden ayırt etmesini bildiği hâlde, manevi ihtiyaçlarına vâkıf olduğu hâlde, maneviyattan elini kolunu çekmiş ve işi öyle noktaya vardırmış ki tüm manevi esasları küçük düşürmüş ve onlara kuruntu ve hurafe gözüyle bakmıştır. Yüce Rabbimiz bu gerçeği şöyle ifade etmektedir: *"Ahiretten çok dünya hayatına mı razı oldunuz?"* (Tevbe suresi, 9:38) Maneviyatsız yaşanamayacağını, Rabbimizin bize vermiş olduğu manevi kuvvetleri ve nefis terbiyesini anlatarak devam edelim.

İnsandaki Manevi Kuvvetler

Yüz güzelliği yalnızca gözlerin güzel olmasıyla gerçekleşmediği ve bu güzelliğin meydana gelmesi için burun, ağız ve cilt güzelliğine de gerek duyulduğu gibi manevi güzellik için de nefsin, sahip olduğu dört kuvvetin hepsinde güzelliği tamamlaması ile mümkündür. Bu dört temel kuvvet dengeli bir hâle geldiğinde güzel ahlakın meydana geldiğini ve maneviyatın güçlendiğini söyleyebiliriz. Bunlar ilim kuvveti, gazap kuvveti, şehvet kuvveti ve bu kuvvetler arasında uygun bir denge kurabilmeyi sağlayan adalet kuvvetidir. Şimdi bu kuvvetleri kısaca açıklayalım:

İlim (Temyiz) Kuvveti

Kişideki ilim kuvveti güzellik ve iyiliği; doğru ve yalan sözleri, hak ve batıl inançları, güzel ve çirkin işleri birbirinden ayırt edebilmesindedir. İlim kuvveti nefsimizde hasıl olduğunda ise iyi ahlakın baş tacı olan "hikmet" meyvesi elde edilir. Allah Teâlâ *"Kime hikmet verildiyse şüphesiz ona çokça hayır verilmiştir."* (Bakara suresi, 2:269) buyurmuştur. Hikmetin ifrat (aşırı) hâli "dolandırıcı akıl" olarak adlandırılırken, normal seviyeden düşük (tefrit) olma hâline "aptallık" adı verilir. Bu iki hâlin ortası için ise "hikmet" denilmektedir.

Gazap Kuvveti ve Şehvet Kuvveti

Bu iki kuvvetin güzellik ve iyiliği; bunların talep ve isteksizlerini İslam dininin müsaade etmiş olduğu miktarda ve hikmet çerçevesinde tutmaktadır. Gazap yani öfke av köpeğine benzer. Bu köpeğin eğitilmeye ihtiyacı vardır; böylece istenilen yere gönderilmesi, gösterildiği şekilde başarıyla olur. Kendi nefsî heyecanına göre hareket etmez. Nefsani istekler yani şehvet ise av için sırtına binilen at misalidir. Bu at, kimi zaman sahibinin komutuyla hareket eden uysal bir at olabileceği gibi kimi zaman inatçı serkeş bir at da olabilir.

Kim de bu sıfatlar olgunlaşır ve dengeli bir hâle gelirse bu mutlak olarak güzel ahlak ve maneviyattır. Her kimde bunların sadece bir kısmı dengeye girerse, aynen yüzünün tümünü değil de yalnızca bir bölümünü güzelleştiren insan gibi (mutlak anlamda olmasa da onda meydana gelen ahlak) güzel ahlaktır.

Gazap kuvvetinin güzelleşmesi ve dengeli bir hâle gelmesi "şecaat" olarak adlandırılırken, şehvet kuvvetinin güzelleşmesi ve dengeli bir hâle gelmesi ise "iffet" olarak adlandırılır. Öfkenin itidal seviyesini aşıp haddinden fazla ilerlemesine "tehevvür" (gazabın aşırı ve zararlı hâli) denir. İtidal seviyesinden az olmasına ise "korkaklık" denir.

Nefsani isteklerin aşırı ilerlemesi hırs olarak adlanırken normalden az olmasına "kayıtsızlık" ve "ihmalcilik" denir. Bunlardan övülen ise arasının bulunmasıdır. Bu durum, üstünlük kaynağı ve adalet sayılırken diğer iki taraf yerilmiş ve alçak sıfatlardır.

Adalet Kuvveti

Bu kuvvet, öfke ve şehveti akıl ve şeriatın kontrolü altında tutmaktan ibarettir. Bu bağlamda akıl, doğruyu ve yanlışı gösteren bir danışman misalidir. Bu gücün kaynağı aklın işaret ettiğine yönelmedir. Şehvet ve gazap ise akıl ve adalet kuvvetinin gösterdiği şeyde gedik açmaktadır.

Adaletin ifratı ve tefriti yoktur. Zira adaletin yalnızca bir karşıtı vardır ve o da zulümden başkası değildir. O hâlde güçlü bir ahlak ve maneviyatın ana temellerini oluşturan sıfatların "hikmet", "şecaat", "iffet" ve "adalet" olduğunu söyleyebiliriz. Hiçbir insan bu sıfatlarda, Peygamber Efendimiz (s.a.v.)'de olduğu gibi kemale ermemiştir. Bu nedenle Yüce Allah, elçisini överek şöyle buyurmuştur: *"Sen elbette yüce bir ahlak üzeresin."* (Kalem suresi, 68:4) Resûlullah (s.a.v.)'den sonra diğer bütün insanlar bu sıfatlara yakınlık ve uzaklık bakımından farklı konumdadırlar.

Yüce Allah, müminlerin vasıflarını sayarken bu manevi hâllere işaret ederek şöyle buyurmuştur: *"İman edenler ancak, Allah'a ve peygamberine inanan, sonra şüpheye düşmeyen, Allah yolunda mallarıyla ve nefisleriyle cihat edenlerdir. İşte onlar doğru kimselerin ta kendileridir."* (Hucurât suresi, 49:15) Dolayısıyla şüpheye düşmeksizin Allah ve Resulüne iman etmek yakin gücüdür ve bu da aklın meyvesi olduğu gibi hikmetin doruk noktasıdır. Mal ile cihat etmek ise şehvet kuvvetini kontrol altına almayla ortaya çıkan cömertlik sıfatından kaynaklanır. Allah yolunda cihat etmek ise gazap kuvvetini aklın kontrolü altına almak ve itidalde tutmaktan kaynaklanan şecaat sıfatının göstergesidir.

Nefis Terbiyesi

Kişinin doğuştan sahip olduğu iyi ve kötü yeteneklerini kendi iradesi ile kontrol etmesine; iyi yeteneklerini işletmek suretiyle geliştirirken kötü yeteneklerini frenlemek suretiyle kendisini eğitmesine nefis terbiyesi denir. Kur'ân-ı Kerîm'de: *"Nefse ve ona iyilik ve kötülükleri ilham ederek onu tesviye edene yemin ederim ki, nefsini kötülüklerden arındıran kurtuluşa ermiş; onu kötülüklere bulayan ise ziyan etmiştir."* (Şems suresi, 91:6-10) buyururken; Peygamberimiz (s.a.v.) de: *"Doğruluğu elden bırakmayınız. Doğruluk iyiliğe; iyilik cennete götürür. Yalandan da kaçınınız. Yalan kötülüğe; kötülük ise cehenneme götürür."* (Buhârî, Edeb, 69) buyurmaktadır.

Ayet ve hadisten anlaşıldığı üzere; nefis terbiyesi demek, kişinin iç dünyasını terbiye etmesi demektir. İnsanın iç dünyası çeşitli durumlar gösterir. Öyle insan vardır ki, onun iç dünyası her an kötü şeylere; yalana, dolana, harama, haksızlığa meyyaldir. Hep böyle kötü şeyleri arzu eder. İçinden duyduğu bütün dürtüler bu yöndedir. İç dünyası böyle olan kimse, işlediği hiçbir kötülükten pişmanlık duymaz. Aksine, benzer kötülükleri yine işleyebilmek için âdeta fırsat kollar.

İç dünyamızın bu durumuna dinî literatürde "hep kötülük isteyen ve kötülük peşinde koşturan nefis" anlamında "nesf-i emmâre" denir. Bu durum, iyi eğitim almamış her insan için söz konusudur. İnsan bu durumda kaldığı müddetçe ömrü hep kötü fiillerle veya kötü fiillerin hasreti içinde geçer.

Öyle insan da vardır ki, zaman zaman kötülük eder. Fakat işlediği kötü fiillerden sonra bir pişmanlık duyar. "Kötü olan bu işi ben niçin işledim? Yapmamalıydım." diyerek kendi kendisini kınar. Bir daha böyle şeyler yapmamaya karar verir. Fakat bir müddet sonra yine aynı veya benzer hatalara düşer; kötü işler yapar. Peşinden yine pişmanlık duyar. Bu böyle sürüp gider. İşte böyle bir iç dünyaya dinî literatürde "kendi kendisini kınayan nefis" anlamında olmak üzere, "nefs-i levvâme" denir. Bu durum nefsin bir üst mertebesini ifade eder ki, bir insanın kötü alışkanlıklardan kurtulabilmesi için en az bu mertebede bir iç dünyasına yükselmesi gerekir. Çünkü insan beşerdir; şaşar: Hata, kusur ve hatta kötülük işler. Fakat hiç olmazsa, o kötülüğü işledikten sonra olsun kendine gelmeli ve ondan pişmanlık duymalıdır. İşlediği kötülükten pişmanlık duymayan kimsenin kötü alışkanlıkları terk ederek kötü yoldan iyi yola gelmesi beklenemez. Ama pişmanlık duyan kimsenin er geç doğru yolu bulacağı umulur.

Bazı insanlar da vardır ki, onların iç dünyası, birinci mertebede açıkladığımız iç dünyasının tam tersine iyi şeylere; doğruluğa, dürüstlüğe, helali ve haramı gözetmeye, iffete, namusa, edep ve hayâya meyyaldir.

İçinden gelen şeyler hep böyle iyi şeylerdir. Uykusundan kalkar, temizlik ibadetini yapar. İşine gider; üstüne düşeni en güzel bir şekilde yapmaya özenir. Vakti gelince helalinden yemeğini yer; ibadetini yapar. Konuştuğunda doğruyu söyler; söz verdi mi yerine getirir. Yardıma muhtaç birini gördü mü, elinden geldiği kadar yardım etmeye çalışır. Kimseyi incitmez. Kimseyi çekiştirmez. Herkesin hakkını kendi hakkı kadar, herkesin malını kendi malı kadar, herkesin ırz ve namusunu kendi ırz ve namusu kadar vs. dokunulmaz, hatta kutsal sayar. Yakınlarına ve fakirlere zekâtıyla, fitresiyle, sadakasıyla destek olur. Elinden geliyorsa ihtiyaç olan yerlere cami, okul, hastahane, yol, çeşme ve benzeri hayırlar yapar; yaptırır. Kısaca iyilik ve hayrın birini bitirdikçe içinden bir diğerine başlamak gelir. Bütün bunları yapmak elinden gelmese ve yapamasa da yapabilme heves ve arzusu içinde yaşar. Böyle bir iç dünyaya da dinî literatürde "iyilik ilhamcısı nefis" anlamında olarak "nefs-i mülhime" denir.

Bir ileri mertebedeki iç yapıda insan, sadece iyiliğe heves etmekle kalmaz. Aynı zamanda huzuru ancak o iyi davranışlarda bulur. Yaptığı ve yapmayı düşündüğü iyilikler, onun iç dünyasının havası ve suyu gibidir. Balığın su dışında yaşayamaması gibi o da iyiliklerden ayrı olarak yaşayamayacağı kanaatindedir. Nefsin bu mertebesine de "iyi davranışlardan ve iyiliklerden huzur bulan nefis" anlamında olarak "nefs-i mutmainne" denir.

Daha ileri dereceler ise "râdiye" ve "mardiyye" mertebeleridir ki bu mertebelerde insan sadece huzur bulmakla kalmaz, aynı zamanda iyilik ve hayır kavramlarının bilincine de vararak tam bir hoşnutluk içinde bulunur. Bu hoşnutluk ise, Yüce Rabbimizin hoşnutluğuna erdirir. Artık Allah kulundan, kul Allah'tan razıdır.

Bu iç yapı mertebeleri hiçbir kimsenin değişmez kaderi değildir. Aksine, her insan, bu mertebeleri aşma yeteneğinde yaratılmış olup aynı zamanda bununla yükümlü de tutulmuştur. Bu olgunluk mertebelerine ulaşabilmek ise ancak ve ancak, insanın kendisini manevi yönden eğitmesi ile mümkündür.

Dinler ve peygamberler insanlara bu mertebelere ulaşmak için gerekli manevi yolları göstermişlerdir. Filozofların ve aklı eren herkesin gösterdiği ahlaki ve manevi ilkeler gözden geçirildiğinde, o ilkelerin de bu mertebelere yönelik olduğu görülür. Bize düşen, önce bunları öğrenmek sonra da hedef olarak benimsemek ve bizi bu hedeflere ulaştıracak fiil ve davranışlara elimizden geldiği kadar içten gelen bir samimiyetle yönelmektir. Namazı, orucu, haccı, zekâtı, kısaca ibadetleri; temizliği, doğruluğu, yardımı ve iyilikseverliği, kısaca iyi ahlakı farz bilip elimizden geldiğince bunları yapmaya çalışmak; yalanı, dolanı, hileyi, haramı vs. yasak bilip bunlardan sakınmak; iç dünyamızı eğitecek ve geliştirecek başlıca çarelerdendir.

Bir Kıssa Bin Hisse: Beni Söyletmeyin!

Birisi, kızgınlıkla anasını döverek, hançerleyerek öldürdü.

Biri, ona:

"Huyunun kötülüğü yüzünden ana hakkını gözetmedin. Çirkin herif, ananı neden öldürdün? Niye söylemiyorsun, o sana ne yaptı ki?" dedi.

Adam:

"Çok ayıp bir iş işledi, ben de onu öldürdüm. Ayıbını toprak örtsün." diye cevap verdi.

Kınayan:

"Be adam, ananı öldüreceğine o kişiyi öldürseydin ya!" deyince adam dedi ki:

"Her gün başka birisini mi öldüreyim? Onu öldürdüm. Halkın kanına girmekten kurtuldum; halkın boğazını keseceğime onu boğazladım, bu daha iyi!"

İşte o kötü huylu ana, kötülüğü her tarafa yayılan senin nefsindir. Her an onun için bir azize öldürüyorsun; kendine gel, onu öldür! Onun yüzünden bu güzel dünya sana dar geliyor. Onun yüzünden Allah ile de savaşıyorsun, halkla da. Nefsini öldürürsen ülkede hiçbir düşmanın kalmaz.

Güçlü Bir Maneviyat İçin Ne Yapmalıyız?

Güçlü bir maneviyat için, manevi hizmetlerde öncelikli ve değiştirilemeyecek hedeflerimizin başında Allah'ın rızasını kazanmak ve Ona hakkıyla kul olmak gelmektedir. Çünkü yaratılışımızın asıl gayesi budur.

İkinci olarak kendimizi geliştirmek zorundayız. Yeteneklerimizi ve ilgi alanlarımızı belirleyip ona göre kendimize bir yol haritası çizmeliyiz. Sadece İslami ilimlerde değil, hayatın bütün ilim dallarında kendimize yol haritası çizebiliriz. Bu ilim dallarında söz sahibi olan Müslüman gençler asla ama asla çıkar ve kariyer uğruna İslam'dan taviz vermemelidirler.

Üçüncü olarak zamanı iyi kullanmalıyız. Yiyeceklerin israfı olduğu gibi zamanın da israfı olduğunu biliyoruz. Bu iki şeyin kıymetini ölüm gelmeden anlamak zorundayız.

Bununla birlikte ihlas, sabır, kanaat, tevekkül, şükür, rıza, başkalarını düşünme, yardımseverlik gibi özellikleri elde etmek; yalan, gıybet, haset, kin, zulüm, şehvet, tamah, benlik, kul hakkı yemek gibi kötü niteliklerden kurtularak ahlaki ve manevi olgunluk kazanmamız gerekir. Ancak bu şekilde "Müslümanca bir şahsiyet" teşekkül ettirebilir ve güçlü bir maneviyat sahibi olabiliriz.

Peki, bu saydıklarımızda başarılı olabilmek neler yapabiliriz? Özellikle gençler neler yapabilir? Nefis engelini aşmada tavsiye edilebilecek yöntemler nelerdir? Müslümanca bir şahsiyet inşası için neler söylenebilir? İşte bu tür soruların cevabını bulup hayatımıza uygulayabilmemiz gerekmektedir. Bunu da ancak nefsi tanıyıp, onun hastalıklarını tespit edip tedavi yöntemlerini uygulamakla başarabiliriz. Nasıl ki, bedenî hastalıklara yakalanmamak için ön tedbirleri almak akıllıca ve tavsiye edilen bir yol ise, aynı şekilde ruhun sıhhatini de korumamız gerekir. Bunun için öncelikli olarak ruhun sıhhatini nasıl korumamız gerektiği hususunu açıklığa kavuşturmaya çalışarak başlayabiliriz.

Ruhun Sıhhatini Korumak

Ruhun sıhhatini korumak da aynı bedenin korunmasına benzer. Bedenin sıhhatini korumak nasıl önemliyse, ruhun sıhhatini korumak da önemlidir. Hatta bu daha önemlidir. Tıpkı doktorların, vücudun gelişmesi için bazı uzuvlara yapacağı hareketi gösterdikten sonra, egzersiz tavsiye etmeleri gibi, manevi egzersizler, alıştırma ve telkinlerle ruhumuzu geliştirmeliyiz. Bunun terk ve ihmali tembellik, ruhi zayıflık, iradesizlik gibi acı durumları doğurur. Kişiye gam, keder ve bela getirir. Anlayış, duygululuk, hassasiyet ve istidatlar kaybolur.

Böylelikle tembellik sebebiyle kişi saadet vasıtalarını ihmal sonunda mesut bir hayatın direklerini yıkmış olur. Neticede öyle bir hâle düşer ki, dünya denilen şu âlemde insanlık şerefini ayakta tutan prensiplerden soyunup, hayvani bir yaşayışa yönelmiş olur. Bu nedenle dikkatli ve uyanık olmalıyız. Maneviyatı elde etmek için fırsatı kaçırmamalı, zamanı geçirmemeliyiz. Yoksa fırsatlar kaçırıldıktan sonra faziletlerle dolu manevi bir hayata hasretle içte duyulacak pişmanlık hiçbir fayda sağlamaz.

Ruhun Tedavi Şekilleri

Aslında hastalık mizacın sapmış olmasından doğuyor. Mizacı saptığı noktadan itidale döndürmek ise onun ilacıdır. Tabii bu kendiliğinden olmaz. Birtakım çareleri ve tedbirleri düşünmekle olur.

Önce hastalığın kaç cinsi vardır? Her cinsin sebep ve illeti nedir? İşareti nedir? Bunlar bilinmelidir. Hastalığın ilacı nedir? Hastalık sebebi ne ile gider? Bu da belli olmalıdır. Böylece hastanın hastalığının bu cinslerden hangisi olduğu, işaretleriyle teşhis olunduktan sonra, sebebi de malum olmuş olur. Ve derhâl çare olarak bulunan ilacı tatbike geçilir. Böylece hastalık ve sebebi ortadan kalkmış olur.

Bedenî hastalıkların dört farklı tedavi yöntemi vardır. Bu yöntemler; vitamini bol gıda almak, ilaç kullanmak, haddini aşmaksızın bazı zehirli maddelerden faydalanmak ve bazı yerleri kesmek yoluyla uygulanabilir. Bunun gibi ruhsal hastalıklara uygulanacak tedavi yolları da üç çeşittir:

Birincisi; güzel amel ve faydalı davranışları yapıp, çirkin davranışları terk ederek ruha kuvvet vermektir.

İkincisi; kötü huy ve çirkin ahlak sebebiyle ruha gelen hastalığın ızdırabını şuurlu bir şekilde düşünüp, kişinin kendisini azarlaması, pişmanlık duymasıdır.

Üçüncüsü; ruhta gayet sağlam yer tutmuş bir adi huyu gidermek için, onun zıddı işlenerek yapılan tedavidir. Mesela bir kimsede cimrilik bir huy hâlinde yerleşmiş ve giderilmesi de gayet zorsa, bu kimse aşırı olmamak kaydıyla cimriliğin zıddı olan harcama yolunu tutar. Zamanla orta ve itidal olan cömertlik özelliğini kazanır.

Eğer bu üç tedavi yoluyla manevi çirkin huy tedavi edilememişse, nefse zor ibadetler, güç ameller yüklemelidir. Mesela çirkin huydan kurtulmak gayesi ile nefse ağır gelecek adaklar ve bozulması mümkün olmayan ahitler yapılarak bu kötü huydan kurtulmaya çalışılabilir.

Bilindiği gibi insanın kendi nefsine ve sevdiklerine karşı muhabbeti pek büyüktür. Bu münasebetle ayıplarını bile meziyet zanneder. Şu hâlde maneviyatımızı kuvvetlendirmek için kendi manevi hastalıklarımızı ve eksikliklerimizi tanımalı ve tedavisine yönelmeliyiz.

Daha önce belirtildiği üzere insan nefsinin üç kuvveti vardır. Birincisi temyiz kuvvetidir. Bununla düşünür ve bakışlarını belirtir. İkincisi azap kuvvetidir ki, zarar verici şeyleri giderir. Üçüncüsü ise şehvani kuvvettir. Kişi onunla faydayı elde eder.

Temyiz Kuvveti ile İlgili Hastalıklar ve Tedavisi

Düşünme gücünü ifade eden "nâtık nefs" diye de adlandırılan temyiz kuvveti, insanın ahlaki yetkinliği açısından nefsin güçlerinden en çok öneme sahip olanıdır. Çünkü insan düşünen nefisle diğer tüm canlılardan ayrılmaktadır. Temyiz kuvveti ile ilgili ruhi hastalıklar pek çoktur. Ama bunlardan en tehlikelisi üç tanedir: Hayret (kararsızlık), cehl-i basît (bilir görünmek) ve cehl-i mürekkeb (bilmediğini bilmemek).

Hayret (Kararsızlık)

Hassas ve ince meselelerde, iki delil karşılıklı olarak ortaya çıkınca, yakin hakikati bulamamak, basiret gözünü açamadığı için hayret ve şüphe noktasında kalmaktır.

Tedavisi: Böyle bir fikrî çıkmazdan kurtulmak için önce apaçık bir hükmü ele almak lazım. Akıl kesinlikle ve kolayca bunun doğruluğunu anlar. Bunu uzunca tefekkür ettikten sonra, diğer konularda hakikati anlamak için gerekli ön bilgileri toplar ve ortaya çıkan meselenin ayrıntılarını çözmeye gayret ederiz. Bu ön bilgilerin vicdanımızda hak olduğuna yakin bir kanaat besleyip mantık kaidelerini, fikir ölçülerini göz önüne alıp, son derece büyük biri ihtiyatla derinliğine tetkik ederek, hakkı batıldan ayırt eder, sırf hakkı tayin eder ve doğrulayabiliriz.

Cehl-i Basît (Bilir Görünmek)

Cehl-i basît, bilgi sahibi olmadığı bir konuda kendini bilir göstermektir. Bu durum, başlangıçta kötü değildir. Çünkü cehl-i basît olmayınca ilme, öğrenmeye teşebbüs etmek mümkün değildir. Ama bu noktada kalıp cehaleti, ilme vasıta yapmamak kötüdür.

Tedavisi: Kişi, insan ve hayvanlara bakmalı, her türün birbirinden ayrılık ve üstünlük noktalarını öğrenmelidir. Öğrenince anlayacak ki, ilim şerefi, düşünme ve konuşma cevheri insanın hayvanlara olan üstünlüğüdür. Her hünerin başı ilimdir. İlim olmasaydı insan şerefini sürdüremezdi. Bu ziynetle süslenmeyen ve bu şerefi kabule kendini hazırlamayan insan, vahşi hayvanlar safında sayılır. Belki bunlardan makamca daha aşağı mertebededir.

O hâlde cahiller arasında dönüp dolaşan laflar, hayvanların bağırmalarına benzer. Bunlara insan demek, duvara resmedilmiş veya taştan, tunçtan yontulmuş bir şekle insan demek kabilindendir. Hakiki insanlık bunlardan uzak olduğu gibi, böyleleri için insan deyimi ise mecazdan sayılmıştır. Kaldı ki hayvanlar fıtraten sahip olduğu kabiliyetlerini Allah Teâlâ'nın ilhamı sebebiyle hayatlarını kazanmakta kullanırlar ve tembellik yapmazlar.

O hâlde kabiliyetimizi ilim ve hikmetle değerlendirmeliyiz. Henüz imkân varken, ilim ve kemale doğru hareketle cehalet çukurundan kurtulmak için var gücümüzle çalışmalıyız. Böylece cehalet deryasından selamet sahiline ulaşır, sapıklık girdabından helake sürüklenmekten kurtulmuş oluruz.

Cehl-i Mürekkeb (Bilmediğini Bilmemek)

Cehl-i mürekkeb bir şeyi bilmeyip, ama bilmediğini bilmeyerek onu biliyorum zannetmektir. Burada iki tane cehl (bilmemek) vardır. Biri bilmemek, diğeri bilmediğini de bilmemektir. Bundan dolayı buna cehl-i mürekkeb denmiştir.

Bir insan ki, bilmiyor, bilmediğini de bilmiyor. Bu sürekli olarak cahil kalmaya mahkûmdur. Nitekim doktorlar insan vücudunda bazı sağlamca yerleşmiş ve müzminleşmiş hastalıkları tedavi etmekten âcizdirler. Ruh doktorları da bu güç derdin, bu müzminleşmiş hastalığın (cehl-i mürekkeb) tedavisinde acze düşmüşler ve şaşırıp kalmışlardır. Çünkü nefis kendisinin cahilliğine ihtimal vermeyip, âlim olduğuna inanırsa, ilim öğrenmek ve cehaletten uzaklaşmak için çalışması mümkün değildir. Nitekim Hz. Îsâ'dan şöyle dediği nakledilir: "Allah'ın yardımıyla sağıra ve dilsize ilaç bulmaya muvaffak oldum. Ama ahmak kişiye ilaç bulmaktan âciz kaldım."

Tedavisi: Bütün bunlara rağmen burada böyle kişilere ilaç olmakta fayda sağlayabilecek ihtimalde olan bir çareyi belirteceğiz: Böyle kişiler daha çok matematik ilimleriyle meşgul olmalıdır. Çünkü matematik gibi ilimlerin konularında dayandığı temeller ve deliller kesindir. Nefis bu alıştırmalarla meşgul olunca zanla yetinmeyip gerçek sonuca ulaşma alışkanlığını kazanır. Sonra hakikat derecesine ulaşamadığı diğer konulara dönünce; matematikte kesin sonuçlara ulaşma alışkanlığını kazandığı için, bunlarda da cehaletini anlar, uyanır; bilgilerinde kusur ve hafızasında eksiklik görerek, cehl-i basît dairesine döner. Bundan sonra da ilm-i yakîn tarafına şevk ve istek uyanır.

Bir Kıssa Bin Hisse: Ayıdan Dost

Her nasılsa bir ayı bir adamdan yardım görmüştü. Ayı da yardım gördüğü adamın peşinden hiç ayrılmadı. Ashab-ı Kehf'in köpeği gibi onun peşine takıldı. O adam hastalanıp yatağa baş koyunca da ayı ona bağlanmış, gönül vermiş olduğundan bırakmadı, başında beklemeye başladı.

Birisi oradan geçerken, "Hâlin nasıl? Kardeş, bu ayıyla ne işin var?" dedi.

Adam olanları anlattı. Arkadaşı da:

"Ayıya güvenme. Ahmağın dostluğu düşmanlıktan beterdir." dedi. Adam:

"Vallahi bunu hasedinden söyledin. Yoksa sen ayıya niye bakıyorsun, sevgisini gör!"

Arkadaşı: "Ahmakların sevgisi aldatıcı bir sevgidir. Benim bu hasedim onun sevgisinden iyidir. Be adam, gel benimle bir ol da o ayıyı sür, def et. Hemcinsini bırakıp ayıya güvenme!" dediyse de adam:

"Git, git, kıskanç herif, kendi işine bak!" dedi.

Arkadaşı: "İşim buydu, ama sana nasip değilmiş." dedi ve ekledi: "Yüce kişi, ben bir ayıdan daha aşağı değilim, gel onu bırak da eşin dostun ben olayım. Başına bir şey gelecek diye yüreğim titriyor."

Bu sözler adamın kulağına girmedi. Ayının elini tuttu, dostunun elini bıraktı.

Arkadaşı: "Senin aklın başında değil, ben gidiyorum." dedi ve gitti.

Bir müddet sonra adam uyudu. Ayı hâlâ sinek kovalamaktaydı. Sinek kovulunca kalktı, fakat inadına gene kalktığı yere, adamın burnuna kondu. Ayı sineğe kızıp etraftan kocaman bir taş yakalayıp getirdi. Sineğin gene uyuyan adamın suratına konmuş olduğunu görünce, o koca taşı alıp sineği ezmek için adamın suratına fırlattı. Taş, uyuyan adamın suratını paramparça etti. Bu mesele de bütün âleme yayıldı. Aptalın sevgisi şüphesiz ayının sevgisidir. Kini sevgidir, sevgisi kin. Ahdi gevşektir. Sözü büyüktür. Vefası ise küçüktür.

Gazap Kuvveti ile İlgili Hastalıklar ve Tedavisi

Gazabî nefis diye tabir edilen öfke gücü yalnızca insanlarda değil hayvanlarda da bulunur. İnsanda nefsin bu gücü ile öfke, cüretkârlık ve üstünlük kurma hisleri meydana gelir. İnsanın gazap hâlleri şu tabakalarda belirir:

1. Gazabı geç gelir, tez geçer;

2. Gazabı tez gelir, tez geçer.

3. Gazabı geç gelir, geç geçer.

4. Gazabı tez gelir, geç geçer. Bu kısımların en faziletlisi gazabı geç gelip tez geçendir. En kötüsü de tez gelip geç geçendir. Zira gazabın azı makbul çoğu kötüdür.

Gazaba gelmiş bir kişinin yüzü kızarır, damarları gerilir, asabı bozulur, sesi yükselir. Doğru olmayan hareketler yapmaya başlar. Bunu gören insan gazabın ne derece akıldan uzak ve nasıl delilerin işlerine benzer çirkin davranışlara sebep olduğunu anlar.

Gazaba (kızmaya/hiddetlenmeye) sebep olan durumları ve tedavi şekillerinin bazılarını şu başlıklar altında inceleyebiliriz:

Ucb (Kendini Beğenme)

Ucb; yalan ve aldatıcı bir kanaate saplanarak, kendisinde olan fazilet ve üstünlüğü, başkalarında o şekilde yok sanıp, kendisini yüksek vasıflara sahip bildiği için, yüksek mevkilere layık kabul etmektir.

Çoğu defa kendini beğenmenin sebebi nefsin kendine ait ilim ve kemal gibi faziletleri tanıyıp başkalarının sahip olduğu faziletleri tanımamış olmasıdır. Aklı başında olanlar başkalarının üstün değerlere sahip olduğunu görür, kendi ayıp ve noksanlarını bilir, sahip olduğu iyi alışkanlıkları çoğaltmaya, şerefini yükseltmeye çalışır.

"Hünerim var deme hüner oldur

Anla noksanını! Kemal budur!"

Tedavisi: Akranından ve daha öncekilerden fazilet sahibi olanların, övülen hasletlerini bilerek, onları kendisine ayna yapmalı. Bu aynada kendi kusurlarını görmeli. Bu kusurların sebeplerini düşünmeli, fazilet yolunda kendisine ayna kıldığı kemal sahiplerinin güzel huylarını kazanmaya çalışmalı.

Ayrıca insan bir bilgin ve sadık dost edinerek, ondan ayıplarını sorabilir. Onlar her ne kadar ayıbının olmadığını söyleyerek onu övseler de ısrar etmeli, eksiklerini öğrenmelidir. Sadık dostu ayıbını söyleyince içten ve dıştan sevinip, hiçbir üzüntü alameti göstermemeli. Çünkü halk arasında meşhurdur ki, ayıbı söylenen insan kızarsa, üzülürse söylenene düşmanlık etmesinden korkulur ve bu huyda olan kişinin ayıbını hiçbir insan cesaretle söyleyemez.

İskender'den şöyle bir olay nakledilir: Danışma kuruluna kadar yükseltilen, has dostlarından birine İskender bir gün şunu söyler: "Sana devlet kademelerinde büyük değer verilip, derecen yükseltilmiş, has dostlarım arasına gelmişsindir. Buna rağmen senden layıkıyla bir hizmet görmüş değilim." Adam İskender'e, "Padişahım belirtsin ki, kusurumu anlayayım." der. İskender şu cevabı verir: "Sen beni hep yükseltmiş, bende hiçbir kusur görmemişsindir. Ve şimdiye kadar hiçbir hatamı söylemedin." Bunu dinleyen dost "Yüce padişahımız iyilikler ve faziletlerle süslü ve bütün ayıplardan uzaktır." deyince İskender bu sözü asla kabul etmediğini şöyle belirtir: "Benim nefsimin ayıptan uzak olmadığı muhakkaktır. Bunu inkâr edense ahmaktır. Sen de hakikatte bende hiçbir ayıp görmüyorsan ahmaksın, cahilsin! Eğer bilip de gizliyorsan, inkâr ediyorsan münafık ve fitnecisin. Her iki hâlde de hakiki dost ve ehl-i ihlas olmaya layık değilsin." Bundan sonra o kişiyi sohbetinden kovmuş ve makamından indirmiştir.

Hakikaten insan, kendisini methedenin söylediği sözlere layık olsa, faziletlere sahip olsa bile, yine de bu şekilde kendini methedenlere razı olmamalıdır. Bu fazilet sahibi için bir tehlikedir. Allah Resulü (s.a.v.) ashaptan karşısındakini metheden birine *"Kardeşinin boynunu kestin."* (Buhârî, Şehâdât, 17) buyurmuşlardır. Yine bir mecliste bir adamı fazlasıyla methetmişlerdi. Başını kaldırıp şöyle söyledi: "Ben kendimi bilirim." (Kınalızâde, Ahlâk-ı Alâî, s. 164-166)

Bir Kıssa Bin Hisse: Küçük Fare ile Deve

Küçük bir fare, bir devenin yularını tutmuş kurula kurula gidiyordu. Deve yumuşak huylu olduğu için fareyle yol arkadaşlığı yaparken, fare içinden böbürleniyordu:

"Ben ne yiğitmişim."

Deve, farenin bu düşüncesini anladı. Kendi kendine dedi ki:

"Hadi sen böyle kendini avut bakalım, ben sana gösteririm."

Gide gide kocaman bir filin bile geçemeyeceği büyük bir ırmağın kıyısına geldiler. Fare orada durdu, şaştı kaldı.

Deve, "Ey dağda ovada bana yoldaşlık eden! Neden durdun. Hadi, yiğitçe ırmağın ötesine geçsene? Sen benim kılavuzum, öncüm değil misin?" dedi.

Fare, "Arkadaş! Bu su pek büyük, pek derin. Boğulurum diye korkuyorum..." karşılığını verdi.

Deve alaycı bir tavırla, "Dur bakalım suyun derinliği ne kadarmış?" diyerek hemen ırmağın içine ayağını bastı. Sonra da dedi ki:

"Ey kör fare! Su diz boyu kadar. Niye şaşırdın?"

Fare korkudan titriyordu:

"Ey hünerli deve! Su sana diz boyu ama benim başımı yüz arşın geçer."

"Öyleyse bir daha haddini bil. Git farelerle boy ölçüş. Sen benimle yarışamazsın."

Fare pişman bir hâlde yalvarıyordu:

"Tövbe ettim, pişman oldum. Allah aşkına beni şu sudan geçir!"

Deve fareye acıdı:

"Hadi atla sırtıma bakalım. Bu sudan geçmek benim işimdir..." dedi ve birlikte karşı kıyıya geçtiler.

Mübahat (İftihar/Övünmek)

Mübahat ruhi faziletlerin dışındaki şeylerle övünmektir. Bu övünme ya kuvvet ve güzellik gibi bedenle ilgili ya da makam, mal, mülk, mertebe gibi beden dışında olur.

Tedavisi: Vücudundaki kuvvetle, gençliği ve güzelliğiyle övünen kimse düşünsün ki, geçici, yok olucu bir dünyada yaşıyoruz. Ömür bahçesi bir gün ecel rüzgârı ile sarsılıp, hayat yaprakları dökülecek ve toprak olacaktır. Ecel, gençliğin güzelliğini, kuvvetini toz gibi uçuracak, sanki bir zamanlar hiç olmamış gibi bir kılığa büründürecektir. Bir gün yok olması kesin olduğu hâlde böyle bir güzellikle övünmek akla uyar mı hiç?

Eski Yunan hükümdarlarından biri genç bir filozofa yücelik taslayıp övününce fazilet sahibi genç şu cevabı vermiş: "Eğer övünmenin sebebi güzel elbiselere geniş evlere sahip olmandan dolayı ise, o hâlde iyilik, güzellik, elbise ve evin kendisine aittir. Sen esasında iyilik ve faziletin aslından yoksunsun. Eğer birtakım kişilerin, dedelerinin ilim ve marifetiyle övünüyorsan, her biri, sahip olmadığın, ama övündüğün yüksek değerleri bir bir isterlerse, sen yalnız kalırsın, sonbaharda sararmış bir bahçeye dönersin."

Bir Kıssa Bin Hisse: Koca Sultan Yavuz Selim

Yavuz, Mısır'a girdiği zaman halk Yavuz'un ihtişamını seyretmek için pencerelere koştu ve caddeleri doldurdu. Yavuz ise en önde değil, alçak gönüllü bir şekilde askerlerinin ortasında yürüyordu. Kavuğunun ve elbisesinin de çevresindekilerden bir farkı yoktu.

İstanbul'a dönüşte gündüz Üsküdar'a ulaştılar. İstanbul halkının, kendisine büyük tezahürat yapacağını haber aldığından arkadaşı Hasan Can'a:

"Hava kararsın, herkes evlerine dönsün, sokaklar boşalsın, ben ondan sonra İstanbul'a gireyim. Fânilerin alkışları, zafer takları ve iltifatları bizi mağlup edip yere sermesin!" dedi.

Yavuz'un sohbet arkadaşı olan Hasan Can, Yavuz'un vefatını da şu şekilde anlatır:

"Sırtında şirpençe adı verilen bir çıban çıkmıştı. Çıban kısa zamanda büyüdü, bir delik hâline geldi. Yaranın içinden Yavuz'un ciğerini görüyorduk. Kendisi çok acı çekiyordu. Yanına yaklaştım:

'Padişahım artık Allah ile beraber olmak zamanınız herhâlde geldi!' dedim.

Koca Sultan döndü, yüzüme hayretle baktı:

'Hasan! Sen beni bu ana kadar kiminle zannediyordun? Bana bir Yâsîn oku!' dedi ve Yâsîn'in arasında ruhunu Rabbi'ne teslim etti."

Gerçekten de bütün dünya bir insana verilse ve insan orada bin yıl yaşasa ne fayda! Sonunda gideceği yer, kara toprağın dar bir çukuru değil midir? Üstelik ahiretin sonsuzluğu karşısında dünya hayatı, deryadan bir damla hükmündedir. Ancak ihlas, kulları en büyük hayır olan ilahî rızaya ulaştırabilir.

Cedelleşmek (Mirâ) ve Laf Dalaşına Girmek

Burada bahsettiğimiz laf dalaşı, kişinin kendi üstünlüğünü kanıtlamak için ve karşı tarafı küçük düşürmek amacıyla karşı tarafın sözlerine yaptığı itiraz ve saldırılardır. Cedelleşmek ise inanç ve dinî konularda yapılan laf dalaşlarıdır.

Cedelleşme (mirâ) sevgi bağının çözülmesine, nefret tohumlarının ekilmesine sebeptir. Kâinat binası sevgi ve birlik üzerine konulmuş olup, insanlığın muhabbeti de mizaçların uyuşması, insanların birbirine yaklaşmasına dayanmıştır. O hâlde kâinat binasının düzenini, barış üzere birlik sütunlarına dayanmış nizam ve intizamını bozmak, hasletlerin en çirkini, rezilliklerin en aşağısıdır. Bu hâli düşünüp bundan vazgeçmek lazımdır.

Tedavisi: Hz. Mevlana ne güzel buyurur: "Ayın karanlık geceden kaçmaması, sabretmesi, onu nurlandırır, aydınlatır. Gülün, dikenin arkadaşlığına katlanması, sabretmesi de ona çok güzel bir koku, latif bir renk verir."

Hz. Peygamber (s.a.v.) de: *"Ben, haklıyken bile çekişmeye girmekten kaçınan kimse için cennetin kenarından, şakadan da olsa yalan söylemeye yanaşmayan kimse için cennetin ortasından, huyunu güzelleştiren kimse için de cennetin en yükseğinden bir köşke (verilmesine) kefilim."* (Ebû Dâvûd, Edeb, 7) buyurarak sabredip haklı da olsa tartışmada nefsine hâkim olanların cennette büyük mükâfatlara sahip olacaklarını bildirmiştir.

Söz gelimi çok önemli bir konuda bir Müslüman ile tartışıyorsunuz. Tartışma büyüdü. Nefsinizin sizi zorladığını, yenip-yenilme duygusuna girdiğinizi hissediyorsunuz. Kendi nefsinizden fedakârlık etmeyi deneyiniz. Çok haklı bile olsanız bu tartışmada karşınızdakini ikna edemeyeceğinize, daha doğrusu yenilgiyi kabule zorlayamayacağınıza inanınız. Onun için, kesinlikle birbirinizi kırma noktasına gelmeden tartışmayı önce siz bitiriniz. Aranızda mutlaka tamir edilebilecek kadar bir bağ kalsın. Ta ki o bağdan hareketle yeniden kardeşlik duygularına ulaşabilesiniz.

Mizah (Şakacılık)

Mizaha örfte latife denir. İtidal derecede olanı makbuldür. Çünkü normali aşmamak şartıyla yapılan şakalar, dostların gönlünü şen ve şakrak eder, onlara serinlik verir. Bu tarz şakalar, sahibini de dostlara kırgınlık verecek asık suratlılık ve büyüklenmeden alıkoyar. İtidali aşan şakalar ise aklen ve şeran kötüdür.

Tedavisi: Aşırı şakanın afetleri, zararları çoktur. Çok şakanın gayesi oturanları güldürmekse, bu aslında çirkin bir huydur. Resûlullah'ın da belirttiği üzere: *"Çok gülmek kalbi öldürür."* (İbn Mâce, Zühd, 19)

Ayrıca şaka edilirken alaya alınan kimsenin mutlaka hatırı kırılır, neşesi söner, arkadaşları arasında şerefi lekelenir. Bu dereceye varan şaka mümine eziyet olduğu için İslam dininde yasaktır.

Üçüncü olarak şaka yapan kimsenin vakarı gider, maskara olur, gülünç durumlara düşer. Peygamberimizden nakledilen tatlı sözlere mizah isminin verilmesi mecazdan sayılır. Nitekim Resûlullah (s.a.v.) ihtiyar bir kadına tatlı bir ifadeyle *"İhtiyarlar cennete girmez."* buyurunca zavallı kadın büyük bir üzüntüye kapılmış, ümitsizliğe düşmüştü. Bu sırada Hz. Peygamber bir gonca gibi tebessüm ederek, ihtiyarların da gençleşerek cennete girip rıdvan bahçelerinde gezineceğini belirtmişti.

Büyüklenme (Kibir/Tekebbür)

İnsanın kendini büyük görmesi, sahip olduğu değerli şeyleri fazlasıyla beğenmesi, insanları küçümseyip dikkate almaması ve tevazu gösterilmesi gereken kişiye tepeden bakmasıdır. Bu huy çirkindir ve sahibine zarar verir. Çünkü kendini beğenmek, insanın edebi elde etme isteğini yok eder, edebi kazanmaya çabalamayan kişi de kusurlarıyla kalır. Ama bir insanın elbiselerinin ve eşyalarının güzel olmasını istemesi büyüklenme ve gurur sayılmaz.

Tedavisi: İnsan düşünmeli ki, öncesi mutlak yokluktur. Yokluktan daha aşağı derecede hiçbir şeyin olmadığı akılca bilinen bir şeydir. Bundan sonrası da pis bir nutfedir. Âdem (a.s.), Havva validemiz ve de Îsâ (a.s.)'ın bir özel durumu vardır: Onun dışındaki bütün insanları Allah (c.c.) meniden yarattı. İlim adamlarının ifadesine göre; bir meninin, beş milyonda biri insana dönüşüyor. Yani gözümüzle görmemiz mümkün değil.

Böylesi küçük, böylesine zayıf ve bir su iken, Allah seni yaratıyor da; sen nasıl ilahlığa kalkışıyorsun? Hani bir meninin beş milyonda birinden meydana gelen adam, bir de bakmışsın ki büyüyünce geldiği yere bakmıyor, küçüklüğüne bakmıyor, zayıflığına bakmıyor, Yaratanına karşı büyüklenmeye kalkışıyor.

Ağanın biri yolda gidiyormuş. Parası ve otoritesi olduğu için onu gören herkes ayağa kalkıyomuş. Dervişin biri ise kalkmamış. Köşenin başında oturuyormuş. Ağa gelmiş, ayağının ucuyla şöyle bir dokunmuş; "Niye kalkmıyorsun?" demiş. "Niye kalkayım?" demiş o da. "Tanımadın mı beni?" demiş. "Tanımaz olur muyum ağam, tanımaz olur muyum?" demiş derviş. Bu sefer ağa; "Ben kimim?" demiş. Derviş de; "Vallahi evveline baktım bir damla su idin, sonunun da ne olacağını düşündüm, kabirde toprağa düşünce bir avuç toprak olacaksın." Ağa: "Sen önüne sonuna bakma, şimdiki hâlime bak!" demiş. Derviş: "Şimdiki hâline ne bakayım?" demiş. "Senin sırtında şu giydiğin kürke gelince; (ayı postundan yapılmış bir kürk varmış) onu ayının biri on sene giydi, ayılıktan kurtulamadı." demiş.

Aslında, hamuru topraktan yoğrulmuş insanoğlunun, kendisiyle aynı durumdaki bir başka insanı hor ve hakir görmesi, küçümsemesi, kendi küçüklüğü ve yanılgısıdır. Ne var ki bu beşerî zaaf ve yanılgı maalesef hemen her dönem ve toplumda çeşitli gerekçelere dayalı olarak ama mutlaka var olagelmiştir. Bu ahlaki bir zaaf olduğu kadar, aynı zamanda manevi olarak güçlü sosyal yapıların oluşmasına engel olan sosyal bir çözülüştür.

İstihza (Başkalarıyla Alay Etmek ve İnsanları Küçük Düşürmek)

İstihza, bir kimseyi maskaralığa alıp hatırını kırmak, kalbini yıkmak demektir. Dinimize göre, insan onuru her şeyin üstündedir ve onun incitilmesi en ağır tahribatı yaptığından insanın namus, şeref ve haysiyetine dil uzatılmaması, itibarsızlaştırılmaması gerekir. Hz. Peygamber bir kimsenin namus, şeref ve haysiyetiyle oynamayı büyük günahların en büyüklerinden saymıştır.

Bir kişi ya da grubun diğerini alaya alması bizzat Allah tarafından yasaklanmaktadır. Hz. Peygamber de şu hadisleriyle bu konuda uyarıda bulunmaktadır:

"Kardeşini küçümsemesi, kişiye bela olarak yeter." (Müslim, Birr, 32)

"Hor, hakir, küçük görülüp de dışlanan, kapıdan kovulan saçı başı dağınık, pejmürde nice insanlar vardır ki Allah'a yemin etseler Allah onları yemininde mahcup etmez." (Müslim, Birr, 138; Cennet, 48)

"İnsanlarla güzel geçin!" (Tirmizî, Birr, 55)

"Merhamet edin, merhamet bulursunuz; bağışlayın, Allah da sizi bağışlar." (Ahmed b. Hanbel, II, 165, 219)

"Müslüman kardeşini hor görmesi kişiye kötülük olarak yeter!" (Müslim, Birr, 32)

Demek ki, gerek erkeklerin ve gerekse kadınların, birbirlerini dış görünüşleriyle değerlendirmeleri doğru değildir. Çünkü dış görünüşler, *"Şüphesiz Allah sizin suretlerinize ve mallarınıza bakmaz, kalplerinize ve amellerinize bakar."* (Müslim, Birr, 34) hadisinde de ifade edildiği gibi, insanların ölçülebileceği gerçek değerler değildirler. Zira asıl ölçü ise Kur'an'a göre Allah katındadır ki o da, vicdanların ihlası ve kalplerin takvasıdır.

Bir Kıssa Bin Hisse: Kimseyi Hor Görme!

Rivayet edilir ki:

Bir gün Îsâ (a.s.), sâlih zannedilen bir kimse

ile şehir dışına çıkmıştı. Halk arasında fasıklığıyla meşhur günahkâr bir adam da büyük bir eziklikle peşlerine takılmıştı. İstirahat için mola verildiğinde bu günahkâr kul, samimi bir pişmanlık ve mahcubiyet hâli içinde, gönlü kırık olarak onlardan ayrı bir yere oturdu ve merhametlilerin en merhametlisi olan Hak Teâlâ'nın yüce affına sığınarak:

"Rabbim! Şu yüce peygamberinin hürmetine beni affet!" diye dua eyledi.

Sâlih zannedilen kişi ise, onu fark edince küçümsedi, hakir gördü ve ellerini semaya kaldırıp:

"Allah'ım! Yarın kıyamet günü beni bu adamla birlikte haşreyleme!" diye ilticada bulundu.

Bunun üzerine Cenâb-ı Hak, Îsâ (a.s.)'a şöyle vahyetti:

"Yâ Îsâ, kullarıma söyle; ikisinin de duasını kabul ettim. Boynu bükük mücrim kulumu affedip kendisini cennetlik kıldım. Halkın sâlih zannettiği kişiye gelince, onu da benim affettiğim kulumla beraber olmak istemediği için cennetliklerden kılmadım."

Bu kıssada da görüldüğü gibi, esasen bir kimse, başkasını küçümseyip hor görmekle onu alçaltmaktan ziyade, kendini alçaltıp perişan etmiş olur.

Vefasızlık (Gadr/Eza ve Cefa Etmek)

Mümin, her şeyden önce Rabbine karşı hakşinas, kadirbilir ve vefakârdır. Rabbine karşı vefakâr olan, Onun kullarına karşı da kadirşinas ve vefakâr davranacaktır. Annemize, babamıza, eşimize, dostumuza karşı her türlü vefasızlığımız ve kadirbilmezliğimiz, Rabbimize karşı vefamıza gölge düşürecektir. Bu huy, sahibine fayda ve menfaat verse bile çirkindir. Özellikle idareci ve liderler için daha çirkin ve onlara daha zarar vericidir.

Gadr ise vefanın zıddıdır. Çok çirkin bir haslet, kötü bir huydur. Bunun içindir ki, bir kimse asla vefasızlık ettiğini itiraf etmez. Kendi zannınca asla gadr işlediğini kabule yanaşmaz. Sözünde durmamak ve alakası olan çevreye olan vazifelerinde ihmalkâr davranmak anlamını da içinde toplayan gadr, başlıca şuralarda olur: Malda, sevgi ve dostlukta, samimiyet ve dürüstlükte, ailesi, çoluk çocuğu maiyetindekilerde, hizmetçilerinde olur. Özellikle devlet kademelerinde ve sivil toplum kuruluşlarında görev almış olanların gadr işlemesi çok ayıptır.

Allah ve Resulü müminleri zulümden, gadrden menederek şöyle buyurur: *"Size cennetlik olanları haber vereyim mi? Her zayıf, alçak gönüllü kimsedir ki, eğer Allah'a yemin etse, Allah ona ihsan eder. Size cehennemlik olan kimseleri de haber vereyim mi? Cefa (eziyet) eden (vefasız) ve kaba, kibirli olan (büyüklenen) kimsedir."* (Müslim, Cennet, 47, III, 2190)

Bilindiği üzere Resûlullah (s.a.v.), verdiği sözde duran, yaptığı anlaşmaya bağlı kalan en büyük önder insandır. Bu hususta dostunu da düşmanını da birbirinden ayırmamıştır. Dostuna verdiği sözde durup onu yerine getirdiği gibi, düşmanlarıyla yaptığı anlaşmalara da her ne pahasına olursa olsun sadık kalmıştır.

Örneğin; Allah Resulü (s.a.v.), fetihten sonra Mekke'de on beş gün kaldı. Bu arada ensardan bazıları endişelenmişler, Hz. Peygamber'in bir daha Medine'ye dönüp dönmeyeceklerini düşünüyorlardı. Çünkü Allah Teâlâ, Ona doğup büyüdüğü mübarek ve mukaddes yerin fethini nasip etmişti. Safâ Tepesi'nde dua etmekte olan Hz. Peygamber, ensâr-ı kirâmın bu tedirginliklerini sezdiler. Duaları bittikten sonra onların yanına gelerek, *"Konuştuğunuz nedir?"* diye sordular. Onlar da endişelerini dile getirince, Allah Resulü (s.a.v.) büyük bir vefa örneği sergileyerek şöyle buyurdular: *"Ey ensar! Öyle bir şey yapmaktan Allah'a sığınırım. Ben sizin memleketinize hicret ettim. Hayatım hayatınız; ölümüm de sizin yanınızdadır."* Bu ifadelerden sonra ensarın endişesi zail oldu. (Müslim, Cihad, 84, 86)

Hayatının her anında ahde vefanın birçok örneğini gerçekleştirdiğine tanık olduğumuz Hz. Muhammed (s.a.v.)'in gayrimüslimlere karşı da vefalı olduğunu gösteren ve konumuza ışık tutan uygulamalarından birisi de şöyledir: Hudeybiye Antlaşması imzalandıktan hemen sonra Müslümanların Mekke yakınlarında olduğunu bilen ve Mekkeli gizli Müslümanlardan biri olan Ebû Cendel bunu fırsat bilip, kaçar. Müslümanlara sığınır. Ancak antlaşmanın şartlarından biri Mekke'den Müslümanlara sığınan kişilerin geri verileceğine dairdir. Mekkeli delegeler hemen bu maddenin uygulanmasını isterler. Müslümanlar üzüntülerinden sarsılırlar. Ama söz vermişlerdir. Hz. Muhammed (s.a.v.), Ebû Cendel'i karşısına alır; *"Ey Ebû Cendel! Sabret. Sözümüzden dönemeyiz. Allah sana yakında bir yol açacaktır."* der. Ve sonra Ebû Cendel Mekke'ye iade edilir.

Bir Kıssa Bin Hisse: Hakşinaslık

Hakşinaslık bir kimsenin hakkı gözetmesine, hak ne ise onu görünce ve öğrenince onu benimseyip savunmasına, kendi aleyhine de olsa hak ne ise ona razı olmasına denir. Hz. Peygamber (s.a.v.) şöyle buyurmuştur:

"Sizden önce yaşamış toplumlardan birinde bir şahıs bir tarla satın almış. Satın aldığı tarlayı işlerken toprakta gömülü bir altın küpüne rastlamış ve hemen o toprağı kendisine satana giderek, 'Senden satın aldığım topraktan bir altın küpü çıktı; gel küpünü al.' demiş. Toprağı satan, 'O küpü o yere ben gömmediğim gibi, o toprağı uzun yıllar işlediğim hâlde o küpe ben rastlamadım. Kısmet seninmiş. Git ona sahip ol.' demiş. Satın alan bunu kabul etmemiş; 'Ben senden yer aldım; altın değil!' demiş. Anlaşamamışlar ve konu mahkemeye intikal etmiş. Hâkim, çocuklarını sormuş. Birinin oğlu; diğerinin kızı varmış. Bunun üzerine hâkim, 'Çocuklarınızı evlendirin ve altını da onlara çeyiz olarak verin.' demiş."

(Müslim, Akdiye, 21)

Zulüm (Daym/Cevr/Çaresizlere Eziyet Etmek)

Zulüm; bütün işlerde itidalden (dengeden) ayrılıp işi aşırı veya eksik yapmak, malları uygun olmayan yollarla elde etmek, hak edilmeyen şeylere talip olmak, her şeyi yersiz, zamansız, ölçüsüz ve usulsüz yapmaktır. Dinimizde hem zulüm ve haksızlık yapmak, zayıf düşmüş çaresizlerden intikam almaya kalkışmak hem de uğradığı zulme karşı direnmeden razı olmak çirkin görülmüştür.

Aklı başında olan, özellikle gücü yettiği zaman intikam ve zulüm yolunda yürümez. Çünkü kudret ve kuvvetin şükrü suçluyu affetmektir. İntikam ancak terk edilmesi büyük bir zarar doğuracaksa caiz olur. O hâlde bu konuda dürüst ve sahih akla sahip kişilerle müşavere etmek bir de tecrübelerden faydalanmak lazımdır ki, sonunda pişmanlık doğmasın. İlim faziletine ve hilm süsüne sahip olan kişide intikamı terk ile affa yönelmek kolay olur.

Hodkâmlık (Kendini Düşünmek/Bencillik/Egoistlik)

Hodkâmlık diğerkâmlığın zıddı bir kavramdır. "Hodkâmlık" kendini düşünmek, nefsini öne çıkarmak, bencil davranmak demektir. Bencil davranma ve insanları kıskanma, hayata dar, sınırlı ve kendi dünyasından bakma hâlidir. "Diğerkâmlık" ise kendini değil kardeşini düşünmek, kardeşinin ihtiyaçlarını görmeyi kendi ihtiyacından daha önemli saymaktır. Yani sünnetteki ifadesiyle, "kendisi için istediğini kardeşi için de istemek, kendisi için istemediğini onun için de istememek" veya Kur'an'daki zirve anlatımıyla "kendi ihtiyacına rağmen kardeşini kendine tercih edebilmektir."

Herkeste, sadece bazı kimselere yönelik de olsa, başkalarının iyiliğini istemek, onları sevmek eğilimi vardır. Belli birkaç kişiye, anne-babaya, aile bireylerine has diğerkâmlık olabildiği gibi, hemşehrilere, meslektaşlara, vatandaşlara ve nihayet bütün insanlara yönelmiş, hepsini içine almış diğerkâmlıklar olabilir. Bu eğilim bazen o kadar şiddet kazanır ki, kendini sevmeye bile üstün gelebilir. Böylece insan, başkalarının iyilik ve mutluluğunu, kendi iyilik ve mutluluğundan o derecede önde tutabilir ki başkalarınınki için kendininkini feda bile edebilir.

"Diğerkâmlık" ve cömertliğin asr-ı saâdette sayısız örneği vardır. İkram edilen bir paça yemeğin bütün komşuları dolaşıp nihayet ilk verene kadar gelmesi bunun en güzel örneklerindendir. Sahabeden kısa bir süre sonra yaşayan İbn Ömer ise kendi devrini şöyle anlatmaktadır: "Öyle zamanlar yaşadık ki, aramızda hiçbirimiz Müslüman kardeşinden daha çok altın ve gümüşe sahip olmayı düşünmezdi. Şimdi öyle bir zamandayız ki altın ve gümüş bize Müslüman kardeşimizden daha tatlı ve sevimli gelmeye başladı."

Bugün biz bu duyguları Allah Resulü'nün şu hadisinin ruhuna uygun olarak yaşamalıyız. Allah Resulü buyuruyor:"*Bir kişinin yiyeceği iki kişiye, iki kişinin yiyeceği dört kişiye, dört kişinin yiyeceği sekiz kişiye yeter.*" (Ahmed b. Hanbel, III, 301)

Şehvet Kuvveti ile İlgili Hastalıklar ve Tedavisi

Nefsin bu gücü kontrol altına alınmadığında insan hayatı üzerinde çok etkili olur ve insanı kendi arzuları doğrultusunda yönlendirir. Durum bu şekilde olunca onun kontrolü ve eğitilmesi daha da zorlaşır. Nefsin bu gücü sürekli arzu peşinde koştuğundan ve bu, insanlarla diğer canlılar arasında ortak olduğundan, böyle bir durumda insan daha çok hayvanlara benzemeye başlar. Çünkü artık insanın amacı ve gayreti yalnızca arzulara ve hazlara yönelmiş olur.

Bunlar insan ruhu için olgunluk değildir. Zira hayvanlar bu kuvvetlerde insanlardan daha üstündürler. Mesela yeme içme konusunda eşek, cima (cinsel ilişki) kuvvetinde domuz, vücut ve ten kuvvetinde manda ve fil, öldürme ve cesurlukta arslan ve kaplan insandan daha üstündür. O hâlde akıllı bir Müslüman, hayvanlarla ortak, hatta onların daha üstün olduğu bu çeşit kuvvetlerle olgunluğa ulaşmayı nasıl düşünebilir?

Bununla birlikte geçici arzuların peşinde sürüklenip gidenler birtakım isteklerine kavuşmak için zorlukları göze alırlar, gündüz durmaz, geceleri uykusuz kalırlar, gereğinde yemez içmez ve isteklerine ulaşınca onu korumak için de büyük bir gayret gösterirler. Hakiki saadet ve fazilet yolunda kemale ulaşmak isteyenler de, bazı fedakârlıkları göze almazlarsa mesut ve manevi bir hayatı, din ve dünya hayatında mutluluğu kaybederler, hüsrana düşerler, pişman olurlar.

Özellikle gençler için gelip geçici zevkler, oyun ve eğlenceler çekici olduğundan içki, kumar, uyuşturucu gibi günah ve kötü alışkanlıklara daha açıktırlar. Gençlerdeki bu enerjiyi kontrol edebilmek de ancak her bakımdan güçlü bir maneviyat ile gerçekleşebilir. Çünkü bu tür alışkanlıklar akıl, kalp ve ruhun aç bırakılmasından kaynaklanır. Hâlbuki gençlerimizin manevi duygularını iman ve ibadetle doyurur, onları faydalı hizmetler peşinde koşturabilirsek kötü alışkanlıklara ayıracak zaman bulamadıkları gibi ihtiyaç da hissetmezler.

Dikkat edilecek bir husus da, kişinin şehvet ve öfke güçlerini, bunlarla elde ettiği birtakım zevkleri düşünerek harekete geçirmemesi gerektiğidir. Kişi onları, kendi kendilerine uyanıncaya kadar terk etmelidir. Çünkü insan, kimi vakit bir kısım şehevi istekleri tatmin etmeyi ve iktidar mertebelerini düşünerek, onları arzu etmeye başlar. Böyle bir arzu ortaya çıkınca da onlara ulaşmak için harekete geçer. Böylece onları kendisine amaç hâline getirir. Bu durumda düşünüp taşınmak ve onlara ulaşmak için kendisine yol göstersin diye düşünen nefsi kullanmak zorunda kalır. Bu, saldırgan hayvanları harekete geçiren ve yırtıcı hayvanları heyecanlandıran, sonra da bunlardan kurtulmak için çare arayan kimselerin durumlarına benzer.

Şehvet kuvveti sebebiyle doğan manevi hastalıklar pek çoktur. Ama bunların en zararlıları üçtür.

Şimdi bu üç hastalığın tedavisini kısaca açıklamaya gayret edelim:

Betâlet (Tembellik)

Tembellik cahillere göre baldan daha tatlıdır. Lakin olayların sonucunu düşünen aklı başında kimselere, fazilet arayan mesut kişilere göre öldürücü zehirden beterdir. Zira tembellik ebedî saadetten mahrum bırakır, iki cihanda kişinin hayal ettiği isteklerini boşa götürür.

Şu bir hakikattir ki, hayatı kazanmak için yapılması gerekli dünyevi işlerde tembellik ve ihmalkârlık, başarıya götüren sebeplerden uzaklaşıp gafil davranmak, yaşamada güven ve emelleri yıktıktan başka, şahsın helakine, neslin kesilmesine sebep olur. Ahirete ait işlerde de durum bundan farklı değildir. Dünyevi işlerde tembellik, çalışmayı ve ameli terk, Hakk'a yakınlaşma saadetinden mahrumiyeti doğurur. Çeşitli nimetlere kavuşacağı cennetin güzelliğini kaçırdığı gibi, cehenneme girmesine sebep olur.

Kur'an ayetlerindeki bütün konularda cennet dereceleri ve ahiret saadetinin tembelliğin terkine, yani çalışmaya ve amel etmeye bağlı olarak kazanılacağı açıktır. Nitekim Cenâb-ı Hak: *"Hakikaten insan için kendi çalıştığından başkası yoktur"* buyurmuştur. (Necm suresi, 53:39) Hz. Muhammed (s.a.v.) de, namazlarının sonunda el açıp Allah'a dua ederdi. Çeşitli kötü, yanlış, zararlı ve istenmeyen şeylerden Allah'a sığınırdı. Bunlardan biri de tembelliktir. *"Ya Rabbi, tembellikten sana sığınırım."* derdi. (Buhârî, Cihâd, 25, 74)

Bir Kıssa Bin Hisse: Rızkı Çalışmadan Beklemek Ahmaklıktır

Dervişin biri gezerken ayakları sakat bir tilki gördü, hayrete düştü. "Nasıl yaşar bu hayvan, ne yer ne içer?" diyerek, Allah'ın lütfuna hayran kaldı. Derken bir aslan çıkageldi, ağzında çakal taşıyordu. Görkemli ve korkunç hayvan avının bir kısmını yedi, doyunca kalanını bırakıp gitti.

Tilki artığa doğru sürünerek yaklaştı ve afiyetle yiyip karnını doyurdu. Tilkinin yiyeceğinin ayağına geldiğini gören derviş, kendi kendine, "Bir tilkinin rızkını ayağına gönderen Allah benimkini neden göndermesin?" diyerek, çalışmasına gerek olmadığını, bir köşeye çekilip oturabileceğini düşündü. Düşündüğünü yaptı. "Rızkım Allah'ın görünmeyen hazinesinden gelir, gayret etmem gerekmiyor!" diyerek beklemeye başladı. Bekledi, bekledi... Ne gelen vardı ne de giden... Günler geçip gitti. Derviş zayıfladı, eridi, bir deri bir kemik kaldı. Güçsüz ve bitkin bir hâldeyken bulunduğu mescidin mihrabından bir ses duydu. "Ey tembel adam!" diyordu ses. "Kendini ayaksız bir tilkiye benzeterek neden miskin miskin oturuyorsun? Kalk! Yırtıcı aslan ol! Başkasının artığına göz dikmeyi bırak. Sana yakışan artık yemek değil, artık bırakmaktır. Gücüyle aslan gibi olan başkasından yiyecek bekler mi? Hadi kalk! Kollarını sıva. Çalış ve rızkını kazan. Hem kendin ye hem de muhtaçlara yedir."

Ey genç insan! Yaşlıya, yoksula yardım eli uzat. "Elimi tutun!" diyerek başkasına el uzatma. Allah, başkasının mutluluğu için çalışanın yardımcısıdır. Çalışmayan insanın kafasında beyin yoktur. Onların başları kuru bir deriden ibarettir.

Kıssada da görüldüğü üzere, rızkı çalışmadan beklemek ahmaklıktır. Allah çalışıp çabalayana verir. Hayatta başarılı olmak için çalışmanın gereklerini yerine getirmek, teşebbüscü olmak önümüze çıkan fırsatları isabetlice değerlendirmek gerekir.

Hüzün

Hüzün ruhi bir elemdir ki, istenilen ve sevilen bir şeyin geçmişte ele geçmeyişinden, kaybından ya da gelecekte menfur ve çirkin bir şeyin kendisine geleceğinden doğar. Sebebi çoğu defa; maddi isteklerin peşinden şiddetle koşmak, bedenî lezzetlere hırs ve tamah göstererek devamı için ısrarla çırpınmak isteğidir.

Tedavisi: Akıllı olan düşünsün bakalım: Dünyada bir insan bütün isteklerine kavuşabilmiş midir? Bu mümkün değildir. Hiç kimse fâni cihanda isteklerinin sonuna varamamıştır. Her ne türlü çalışsa, bütün sebep ve aletleri vasıta kılsa, en son ulaştığı hedeften daha çoğunun tasavvur edilebilir ve ondan daha üstünü mümkündür.

Yine bunun gibi, insanların çoğu düşünüp ve insaf eylese; sahip oldukları yer, makam, sebepler ve nimet hususunda kendinden daha aşağı derecelerde binlerce kişi vardır. Ve bunlar bu çeşit insanların mevki ve sahip olduğu nimete yetişmeyi kendileri için imkânsız görürler.

Büyük bir devlet ve büyük bir izzet sayarlar. O hâlde kendisine özlemle bakanların hâline dikkat etmeyip, sahip olduğu nimete karşı şükretmeyerek, kendinin üstünde olan birkaç kişinin makam, mülk ve mertebelerine imrenmek olgun mümine yakışır mı? O hâlde akıllı kişi sabır ve kanaat dergâhından tamamen ayrılmalı. Varlık ve yokluk gamının ateşi ile dimağının kubbesini yıkmalıdır. O hâlde biz de içinde bulunduğun kanaat dairesine razı olmalıyız. İsteklerimizin dizginlerini kötülüğü emredici olan nefsin eline vermeyelim ki sürekli bir keder içine düşmeyelim.

İslam filozofu İshak el-Kindî, *"Def'u'l-Ahzân (Hüzünlerin Def'i)"* isimli kitabında demiştir ki, hüzün zaruri olmayıp, yani kendiliğinden, zorunlu olarak doğan bir durum olmayıp; bilakis insan onu iradesini kötüye kullanarak kendine çeker. Buna delil şudur: Bir şeyin kaybından ya da elde edilememesinden mahzun olan kişi şöyle düşünsün: Niceleri vardır, kaybettikleri ya da kazanamadıkları pek çok şeyler vardır ki, bundan dolayı hiçbir hüzün duymazlar! Eğer hüzün zaruri olsaydı, herkesin mahzun olması gerekirdi. Yine niceleri vardır ki, bir şeyi kaybettikleri için o kadar üzülür, anlatılamaz. Sonra bunu zamanla unutur. Günlük işine tekrar neşe ile çalışmaya ve dostlarıyla şakalaşıp gülmeye başlar. Eğer hüzün kendiliğinden doğmuş olsaydı bu durumda böyle bir kişiden hiç gitmemesi lazım gelirdi.

Dünyada sahip olduğu bir nimeti kaybetmekten dolayı üzülmeyi şuna benzetirler: Bir topluluk bir mecliste otururken, bir kimse bir deste gül getirip takdim eder, herkes bir miktar kokladıktan sonra başkasına verir.

Herkes bu hâl üzere devam eder ve gül elden ele gezinirken, sıra birisine gelir. O, güle karşı çok istekli davranır ve kendinin olmasını ister. Gülün sahibi bu kişinin elinden alıp yanındakine vermeye teşebbüs edince, bu şahsı garip bir hüzün sarar. Ve şöyle der: "Bir miktar elimde tuttuğum desteyi niçin elimden alıyorsunuz?" Sonra da elinden gül destesini almaya yeltenen kişiye aşağılık sözler söyler, ağzını bozar. Bu şahsın bu tutumu, arkadaşlarına nasıl çirkin gelirse fani dünyanın payidar olmayan ve aslında bir emanet olan sebepler, kazançlar kişinin elinden alınıp, başkasına verilince hüzünlenmesi çirkindir, emanete hıyanettir. Çünkü iyice düşünülürse anlaşılır ki, bu emanetlerin elden ele geçişi, birinin verip diğerinin alması, hikmete ve âlemin nizamına uygundur. Zira bunsuz neslin devamı, âlemin imarı ve Âdemoğlunun huzuru, salahı mümkün olamaz.

Sokrat'a sorarlar: "Niçin daima güler yüzlüsün? Gam keder niçin sana musallat olmaz?" Filozof şöyle cevap verir: "Ben hiçbir şeye gönlümü bağlamam ki, kaybından üzüntü duyayım! Hiçbir dünya malını hırsla istemem ki, kavuşmadığım için elem ve mihnet girdabında kalayım!"

Bir Kıssa Bin Hisse: Çocuk

Bir gün yolda giderken, yürümeye çalışan bir çocuk fark ettim. Elindeki değnekleri zorlukla kaldırıyor ve alt tarafı pek tutmayan vücudu ile bir sağa bir sola sallanıyordu. Yüzüne bakılırsa on üç – on dört yaşından büyük değildi.

Sanki büyülenmiş gibi onu takip ederken, aniden yere düştü.

Hemen yanına koşarak kaldırmaya çalıştım.

Sessizce ağlıyordu.

“İnşallah bir yerin acımamıştır.” dedim. “Olur böyle şeyler sakın üzülme.”

“Üzülmüyorum.” dedi. “Zaten ben pek üzülmem.”

“İyi ama ağlıyorsun?” diye atıldım.

“Kolum acıdı.” dedi. “Onun için herhâlde.”

Bakmak için gömleğini sıyırdım. Sağ eli tam bileğinden kesikti. Bu yüzden bir değneği, diğerinden farklı şekilde yapılmıştı.

Ayağa kalktığında: “Bu düşüşüm çok zararsız sayılır.” dedi. “Geçen sene düştüğümde elim araba altında kalmıştı.”

Üşümüş yanaklarından bir öpücük alırken: “Üzülme!” dedim. “Daha kötü şeyler olabilirdi.”

Belki ilk defa yüzüme bakarak: “Üzülmüyorum.” diye gülümsedi. “Zaten ben pek üzülmem.”

“Biraz önce aynı şeyi tekrar etmiştin.” dedim. “Neden böyle söyledin?”

Titreyen vücudunu, elinden geldiği kadar dikleştirirken:

"Çünkü ben Allah'a inanıyorum." dedi. "Ona inanan kişiler, hiç ölümsüz bir vücuda sahip olmayacak mı? Üstelik de kusursuz bir vücuda."

Bu sefer sustum. Ve her nedense bir şey söyleyemedim. Teşekkür edip yanımdan ayrıldı. O küçük kahramanı uğurlarken, "Hangimiz daha mutluyuz?" diye düşünüyordum.

Haset

Sıradan insan yaradılışının özellikleri içinde haset en kötüsüdür. Hasetçi kimse, yalnız kötülük yapmak istemekle kalmaz, bu hasedi yüzünden kendisi de mutsuz olur. Kendisinin olanlardan sevinç duyacağına başkasının elindekiler yüzünden acı çeker. Başkalarının elde ettiği avantajları mümkünse ortadan kaldırır, oysa kendisi aynı avantajlardan yararlanmak ister. Eğer bu duygu başıboş bırakılacak olursa, bütün erdemleri sıfıra indirir ve hatta üstün hünerlerin, en iyi biçimde ortaya konmasına engel olur.

Nimet sahibinden nimetin gitmesini istemek üç şekilde olur:

1. Mücerret olarak nimetin ondan gitmesini istemek.

2. Nimetin kendisine gelmesi mümkün iken, gelmediği ve gelmeyeceği kesinleşince, "Bari ondan da gitsin de beraber olalım, onun benden üstün tarafı olmasın." diye temennide bulunmak.

3. Nimetin bir kişiden gitmesini, kendisine gelmesi ümidiyle istemek.

Bir şahıstan nimetin gitmesini istemeyip, aksine kendisinin de onun gibi nimete ulaşmasını temenni etmek haset olmaz. Buna "gıpta" denir. Bu şekil temennide bulunmak, dinî işlerde mendup ve sevilen bir istektir, dünyaya ait işlerde ise bu tür isteklerde bulunmak mübahtır. Eğer bu istek haram ve günaha sebep olan nimet hakkında ise haramdır.

Hasetin en kötü huylardan olmasının sırrı ve hikmeti, Allah'ın işine, taksimine itiraz olduğu içindir. Gerçekten hasetçinin hasedi "Yâ Rabbi! Sen bu nimetleri verecek adamı bilmiyorsun. Bana vermeli idin, ben ondan daha layıkım..." demeye varır.

Tedavisi: Hasedin dünyadaki zararı da apaçıktır. Haset edilen kişinin işleri düzgün gittikçe sen ızdırap ve elemlere gark olur, hüzünler içinde boğulursun. Nitekim bazı bilginler şöyle söylemişler: "Hasetçi kişinin; sen sevinçli iken kedere boğulmuş olması sana yeter!"

O hâlde akıllı kişi kendisinde hasede bir meyil doğduğunu anlar anlamaz, hemen hasedi doğuracak söz ve davranışların aksini yapmaya gayret göstermeli. Mesela hasetçi haset edeceği kişiyi kötüleyecekse derhâl aksini yapmalı. Yani onu övmeye başlamalı. Haset edeceği kimseye karşı büyüklenme isteği belirmişse, derhâl tevazu ile aksini yapmaya yönelmeli. Hasetten dolayı ihsan ve ikramı terk duygusu doğarsa, hemen ihsanı ziyadeleştirip, her gün izzet ve ikramı yenilemeli. Ta ki, nefis düşmanlık etmekten ümit kesip, günbegün dostluk eserlerinin artması ile muhabbete alışsın!

Haset edilen, haset edenin bu lütuf ve ikramını anlayıp dostluğuna vâkıf olunca, bunda da dostluk, sevgi, birlik fikri gelişir. Şunu da bilmeli ki, ona buna düşmanlıkla uğraşmak, ömrün kıymetli vakitlerini gam ve hüzün dolu, fasit ve batıl fikirlerle telef etmektir. Muhabbet, temiz yüreklilik ise bu dünyada düşmanlıktan daha faydalı, ahirette de derecesi daha yüksektir.

Bir Kıssa Bin Hisse: Cennetlik Adam

Enes b. Mâlik (r.a.) anlatıyor: Resûlullah (s.a.v.) şöyle buyurdular: *"Şimdi size cennetliklerden bir adam çıkagelecektir."*

Bir de baktık ki, ensardan, abdest suyu sakalından damlayan ve ayakkabılarını sol eline asmış bir adam çıkageldi. Ertesi günü olunca Resûl-i Ekrem yine evvelki gibi söyledi. Bu adam yine birincide olduğu gibi çıkageldi.

Üçüncü günü Resûl-i Ekrem Efendimiz aynı sözü tekrar etti. Yine aynı adam ilk hâli gibi çıkageldi. Resûl-i Ekrem kalkınca Abdullah bin Amir o adamı takip etti ve ona dedi ki:

"Ben babamla münakaşa ettim. Üç gün onun yanına girmeyeceğime yemin ettim. Eğer sen benim bu zaman zarfında yanında kalmamı uygun görürsen beni misafir et." Adam: "Olur!" dedi.

Enes sözlerini şöyle sürdürüyor: Abdullah sözüne devamla şöyle anlatıyor: Üç geceyi onunla bir arada geçirdik. Fakat gece kalktığını görmedim. Ancak sabah namazına kadar uyandıkça Allah Teâlâ'yı zikretti ve tekbir getirdi. Onun hayırdan başka bir şey söylediğini işitmedim. Üç gün geçince sanki onun amelini küçük görür gibi dedim ki:

"Ey Allah'ın kulu, babam ile benim aramda bir ayrılık ve ihtilaf yoktur. Fakat Resûl-i Ekrem'in üç kere *'Şimdi size cennetliklerden bir adam çıkagelecektir!'* dediğini işittim. Üç defasında da sen çıkageldin. Amelini anlamak için senin yanında kalmak istedim. Böylece sana uymak istedim. Fakat büyük bir amel işlediğini görmedim. Seni Resûl-i Ekrem Efendimizin söylediği mertebeye ulaştıran nedir?"

Dedi ki: "Bu gördüğünden başkası değildir!" Ben dönünce bana seslendi ve dedi ki:

"O senin gördüğün şeyden başkası değildir. Ancak ben Müslümanlardan hiçbir kimseye kalbimde bir hile ve kin tutmam ve Allah'ın verdiği herhangi bir hayırdan dolayı hiçbir kimseye asla haset etmem."

Bunun üzerine ona, "İşte seni bu dereceye ulaştıran budur!" dedim.

(Ahmed b. Hanbel, Müsned, III, 166)

Lisanın (Dilin) Afetleri ve Tedavisi

Dil, Yüce Allah'ın insanlara bahşetmiş olduğu büyük nimetlerden ve Yüce Allah'ın yaratmış olduğu en ilginç varlıklardan, insanlara yapmış olduğu en büyük ihsanlardan biridir. Küçük olmasına rağmen çok büyük bir kulluk aracı olabileceği gibi tam tersine çok büyük bir suç aracı da olabilir.

Kişinin Müslüman olup olmadığı ancak dilin söyleyeceği şehadetle anlaşılabilir. Var olan veya olmayan, yaratılan veya yaratan, hayali veya gerçek, bilinen veya bilinmeyen hiçbir varlık yoktur ki dil onunla ilgili olumlu veya olumsuz, onay içerikli veya reddedici sözler söylemesin. Günlük hayatta bir Müslüman açısından söz ya da eylem anlamında bütün işlerde en fazla dikkate alınması gereken husus kul hakkı duyarlılığıdır. Çünkü Allah kendisine ait hakların ihlalini kulun samimi tövbe etmesi hâlinde affedebilmektedir. Buna karşılık kul hakkı, Allah'ın af kapsamı dışındadır. Hatta hiçbir mazeret de kul hakkını düşürmez. Bu sebeple Hz. Peygamber kul hakkını ihlal edenleri müflis olarak nitelendirmiştir. (Buhârî, Edeb, 102)

Buna göre herkes ağzından çıkan söze, dilinden düşen kelimeye dikkat etmek zorundadır. Aksi takdirde dili, değirmen gibi sevaplarını öğüten ya da ateşin odunu kül ettiği gibi sevaplarını yakıp yok eden, günahlarını arttıran bir organa dönüşebilir. Atalarımız bunu "Dilim dilim etti beni dilim!" diye ifade etmişlerdir.

Bir Kıssa Bin Hisse: Dile Sahip Olmanın Önemi

Bir gün bir bedevi Hz. Peygamber'in huzuruna gelerek: "Ey Allah'ın Elçisi! Bana öyle bir şey yapmamı söyleyin ki, onu yaptığım zaman cennete girebileyim." der. Peygamber Efendimiz (s.a.v.) cevaben buyururlar: *"Git, açları doyur, susuzlara su ver, muhtaçlara yardım et, Allah'ın kullarını iyi yollara sevk et."* Bedevi: "Ey Allah'ın Resulü, bu dediklerinizin hiçbirini yapamam." diyerek özür diler." Bu defa Resûlullah: *"Madem öyle, diline sahip ol. Ağzına gelen her şeyi söyleme, ağzından çıkan söz hayır olsun."* buyurur.

Malayani (Faydasız) ve Batıl (Boş ve Asılsız) Söz

Kur'an'ın en temel gayelerinden birisi insanın anlam arayışında ona yardımcı olmak, inananların hayatını anlamlı kılmak, boş, anlamsız ve beyhude her türlü söz ve davranıştan uzak bir hayat yaşamalarını sağlamaktır. Kur'ân-ı Kerîm'deki, *"Biz sadece lafa dalmış şakalaşıyorduk."* (Tevbe suresi, 9:65) ayeti de bu gerçeğe işaret etmektedir.

Din ve dünya için faydası olmayan söz demek olan malayani eğer yalan, gıybet ve fuhuş sözleri ise haramdır. Bunlardan kaçınmak şarttır. Mübah olan hususlarda bile olsa, fazilet yolunda koşan, kemal ehli olanların bunları da terk etmesi gerekir. Zira bu vakit öldürmektir.

Kur'ân-ı Kerîm'de müminlerin boş ve faydasız sözlerden uzak durmaları şöyle tavsiye edilmektedir:

"Onlar ki, faydasız işlerden ve boş sözlerden yüz çevirirler." (Müminûn suresi, 23:3)

"Boş sözü işittikleri vakit ondan yüz çevirirler ve 'Bizim işlerimiz bize, sizin işleriniz de size. Selam olsun size (bizden size zarar gelmez). Biz cahilleri istemeyiz.' derler." (Kasas suresi, 28:55)

"Onlar, yalana şahitlik etmeyen, faydasız boş bir şeyle karşılaştıkları zaman, vakar ve hoşgörü ile geçip gidenlerdir." (Furkân suresi, 25:72)

İnsanın en büyük sermayesi olan nefesi ile ölmeden önce saadeti kazanması mümkün iken, bunu başaramayıp kaybetmesi ne büyük hüsrandır! Bu durumda ömür boşa harcanmış, hata ve günaha bulaşılmış demektir. Öyle ise malayaniyi terk etmek gerekir.

Kötü Sözler Söylemek

Pis kelimeleri ağza alıp küfretmek ve kötü sözler söylemenin, bu sözler yalan ise haram olup günahı gerektirdiği apaçıktır. Yalan değilse dahi aklen çirkin, şeran haramdır, söyleyen günahkâr olur. Bunun sebebi, bu tür sözlerin tabiatı itibarıyla pis, adi ve yaratılış açısından kötü oluşudur. Peygamberimiz (s.a.v.) kötü söz hakkında şöyle buyurmaktadır:

"Mümin; insanları kötüleyen, lanetleyen, kötü söz ve çirkin davranış sergileyen kimse değildir." (Tirmizî, Birr, IV, 350, 48)

"Şüphesiz ki Allah Teâlâ, kötü huylu, çirkin sözlü kimseleri sevmez." (Tirmizî, Birr, 62, IV, 362)

"Hayâ imandandır ve iman (sahipleri) de cennettedir. Kötü söz ise eziyettendir, eziyet edenler de ateştedir." (Tirmizî, Birr, 65, IV, 365)

"Kim Allah'a ve ahiret gününe iman etmiş ise, (ya) hayırlı söz söylesin veya sussun." (Müslim, İman, 19, IV, 68)

Olgun mümin kötü sözlerin çirkinliğini hatırlayıp, buna dair hadis ve haberleri düşünüp, dilini edepsiz sözlerden uzak tutmaya çalışmalıdır.

Ön Yargılı Davranmak

İslam inancı açısından Âdem ve Havvâ'nın çocukları olan her insan yaratılış gerçekliğine uygun olarak tertemiz ve günahsız doğar. Buna bağlı olarak suçsuzluk ve borçsuzluk insanın doğuştan gelen asli özelliğidir. Bu doğal hâl insan lehine bir delildir. Aksini iddia eden ispatla yükümlüdür. İddia eden delil getiremediği takdirde aleyhine iddiada bulunulan şahsın reddi ile dava düşer. Yine bu ilkeye bağlı olarak insanlara hüsnüzan beslemek ve ön yargılı tutumlardan sakınmak temel bir görevdir. Dolayısıyla hiçbir insan ya da gruba sırf bu gerçeklik sebebiyle suçluluk izafe edilemez, olumsuz tavır alınamaz. Bağımsız ve güvenilir yargı tarafından suçluluğu ya da borçluluğu kanıtlanmamış hiç kimseye suçlu ve borçlu muamelesi yapılamaz. Bu kural Mecelle'de, "Berâet-i zimmet asıldır." şeklinde ifadesini bulmuştur. (*Mecelle*, madde 8)

Yine Kur'ân-ı Kerîm ve Hz. Peygamber'in hadislerinde söz ve eylemlerin tamamının kayda geçtiği, bunlardan her birinin mutlaka hesabının verileceği belirtilmektedir. Kur'ân-ı Kerîm'de şöyle buyurulur: *"İnsanı biz yarattık ve elbette içinden geçenleri biliriz; sağında solunda oturmuş iki melek zabıt tutarken biz ona şah damarından daha yakınız. Onun yanında ağzından çıkan ne varsa alıp titizlikle kayda geçen dikkatli bir gözetleyici vardır!"* (Kâf suresi, 50:16-18) Bu ve benzeri ayetlere göre hayır ya da şer ifade eden her söz veya eylem, hesabının görülmesi için kayda geçmektedir.

Ahiret yurdunda tarafların birbirlerinden kaçmaması için söyledikleri ya da söylemedikleri sözlerine, yaptıkları ya da yapmadıkları davranışlarına dikkat etmek, birbirlerini incitmemek durumundadırlar. Bu sebeple insan sözünü söylerken ölçüp biçip ona göre söylemelidir. Çünkü kişi sözüyle ya günahını ya da sevabını arttırmaktadır. Buna göre söz küfür ve hakaret içermemelidir.

Kur'ân-ı Kerîm, insanın bilmediği bir konuda söz söylemesini, hüküm vermesini, bilmediği ve tanımadığı kişilerle ilgili ileri-geri konuşmasını, kesin bilgi ve delile sahip olmadığı hâlde zanna dayalı olarak bir insanın maddi ya da manevi zararına yol açacak şekilde konuşmasını, yazmasını, itibarsızlaştırmasını, tavır almasını şu ayetiyle yasaklamaktadır: *"Hakkında bilgi sahibi olmadığın şeyin peşine düşme! Çünkü kulak, göz ve kalp, bunların hepsi ondan sorumludur."* (İsrâ suresi, 17:36)

Efendimiz (s.a.v.) de şöyle buyurmuştur: *"Suizandan (yersiz töhmetten, kötü zandan) sakınınız. Zira suizan, sözlerin en yalanıdır. (Aranızda) Casusluk yapmayın, gizli hâller ve kusurları araştırmayın, düşmanlık etmeyin, birbirinize hased etmeyin, birbirinize hiddetlenmeyin, birbirinize düşmanlık etmeyin. Ey Allah'ın kulları, Allah'ın size emrettiği gibi kardeş olun. Müslüman, Müslüman'ın kardeşidir; ona zulmetmez, ona yardımı kesmez, onu hor görmez. (Göğsüne işaret ederek) Takva işte buradadır, takva işte buradadır, takva işte buradadır. Müslüman kardeşini hor görmek, şer (kötülük) bakımından kişiye yeter. Her Müslüman'ın, diğerine kanı, ırzı ve malı haramdır."* (Buhârî, Edeb, 57, 58)

Buna göre söz bilgilendirici, bilinçlendirici, uyarıcı, iyiliğe teşvik edici, kötülüğü engelleyici bir çerçevede olmalıdır.

Başkalarının Sırrını Yaymak

Bu huy, ciddiyetsizlik ve hıyanetin birleşiminden meydana gelir. Zira dilini tutamayan ve sırrı korumak için hassas olmayan kişi ağır başlı değildir (ciddiyetsizdir). Sır bir emanettir ve onu ifşa etmek sır sahibi için kusurdur. Bu yüzden sırrı ifşa eden haindir. Bu huy gerçekten çok çirkindir.

Bir insanın başka bir insana kötü bir söz yetiştirmesi anlamına gelen koğuculuk da sırrı ifşa etmek demektir. Sır olmasa bile duyup öğrenilen bir şeyi başkasına yetiştirmek aynı şekilde çirkindir. Çünkü bu haberi kötüye kullanacak kişiye nakletmek, haberi ulaştıran kişiyle hakkında konuşulan kişi arasında soğukluğa sebep olur. Bu da kötülüğün son noktasıdır.

Bir insanın işlediği günah bile olsa onun deşifre edilmesi yasaktır, kişilik haklarına tecavüzdür. Kur'ân-ı Kerîm, *"İnsanların gizliliklerini elde etmek için casus gibi çalışmayın!"* (Hucurât suresi, 49:12) ayetiyle bunu açıkça yasaklamaktadır. Hz. Peygamber de insanların mahrem alanlarının peşine düşenlerin, ne kadar sağlam sığınaklarda gizlenirlerse gizlensinler Allah'ın da onların gizli hâllerini deşifre edeceğini ve rezil duruma düşüreceğini haber vermiştir. (Ahmed b. Hanbel, Müsned, IV, 421, 424; V, 279)

Aile içi mahremiyet ve mesken dokunulmazlığı konusunda en güzel örneklerden birisi şudur: Hilafeti sırasında bir gece şehri denetlediği sırada bir evden gelen sesler üzerine duvardan tırmanıp çatıdan eve baskın düzenleyen Hz. Ömer ev sahibinin içeride bir kadın (cariyesi) ile birlikte içki içtiğini görünce onu, "Ey Allah'ın düşmanı! Allah'ın işlediğin bu rezaleti gizleyeceğini mi zannettin?" diye azarladığında, ev sahibi, mesken dokunulmazlığını ve evinin mahremiyetini ihlal eden Hz. Ömer'e, "Saygıdeğer Halife, yavaş ol! Ben bu yaptığımla Allah'a bir isyanda bulundum, sen ise üç." dedikten sonra ihlallerini şöyle hatırlatmıştır:

"Birincisi: Allah, *'İnsanların gizli hâlleri, mahrem alanları hususunda casusluk yapmayın!'* (Hucurât suresi, 49:12) dediği hâlde sen benim mahrem alanıma girip özel hayatımı araştırmaya kalktın.

İkincisi: Allah'ın, *'Ey iman edenler! Kendinizi tanıtıp izin almadan ve içinde oturanlara selam vermeden başkasının evine dalmayın!'* (Nûr suresi, 24:27-28) ayetine aykırı olarak eve giriş için izin almadın, hane halkına selam vermen gerekirken vermedin.

Üçüncüsü: Allah, *'Evlere kapılarından girin!'* (Bakara suresi, 2:189) dediği hâlde sen çatıdan atladın."

Ev sahibinin bu hatırlatmaları üzerine Hz. Ömer, özür dileyerek oradan ayrılmıştır.

Bütün bunlar göstermektedir ki birilerini gizlice dinlemek, gözetlemek, elde ettiği bilgileri gerçek bile olsa deşifre etmek İslam'ın temel kaynaklarına aykırıdır.

Yalan (Kizb) Söylemek

Yalan, herhangi bir kimsenin gerçeğe aykırı olduğunu bile bile söylediği söz demektir. Buna göre bir sözün yalan sayılabilmesi, onun gerçeğe aykırılığının söylenen tarafından bilinmesi durumunda söz konusudur. Aksi hâlde, yani gerçeğe aykırılığı bilinmeden, gerçek olduğu zannıyla söylenen sözler yalan kategorisine girmemektedir.

İnsanın, duyduğu bir şeyi araştırmadan, üzerinde düşünmeden paylaşması doğru değildir. Hz. Peygamber bunun tehlikesine şöyle işaret eder: *"Kişiye her duyduğunu nakletmesi yalan olarak yeter."* (Müslim, Mukaddime, 5) Kur'ân-ı Kerîm'de de aynı uyarı şöyle yapılmaktadır: *"Ey inananlar! Doğruluk ve adaletine güvenilmeyen (fasık) birisi size haber getirirse, o haberin doğruluğunu araştırın, yoksa işin hakikatini bilmeden herhangi bir kavme kötülük edip yaptığınıza derin bir pişmanlık duyacağınız durumlarla karşılaşabilirsiniz."* (Hucurât suresi, 49:6)

Yine Kur'an, *"...Yalan sözden kaçının!"* (Hac suresi, 22:30), *"Ey inananlar! Allah'tan korkun ve doğru söz söyleyin"* (Ahzâb suresi, 33:70), *"Ey inananlar! Yapmadığınız şeyi niçin söylüyorsunuz?"* (Saf suresi, 61:2) ayetleriyle müminlerin yalandan uzak durmalarını istemektedir.

Dürüstlük ise üst değerdir ve Müslüman açısından hem dünya hem de ahiret yurdu için en değerli sermayedir. Bazı âlimler dilin doğruyu söylemesini mutluluğun ilk basamağı kabul ederler. Bu açıdan sözde aranan doğruluğudur. Doğruluk güzel ahlakın en önemli ölçütüdür. Hz. Peygamber yalan söylemenin iman ile bağdaşmayacağını haber verirken (Ahmed b. Hanbel, Müsned, I, 5) yalanın feci sonucunu da şöyle açıklar: *"Yalandan sakının. Çünkü yalan ahlaksızlığa kapı aralar, o da cehenneme sürükler. Kişi yalan söyleye söyleye Allah katında büyük yalancı diye damgalanır."* (Müslim, Birr, 103-105)

Sosyal medyada verilen bilgiler ve yazılan yazıların da bu ilke doğrultusunda yayınlanması gerekir. Sık tekrarlanan yalanlar, söyleyenin Allah katında "kezzâb" (büyük yalancı) olarak damgalanmasına sebep olur. Çünkü yalan İslam'a göre kötülük ve haksızlıkları, çirkinlik ve edepsizlikleri örtbas etmek için başvurulan bir yoldur. Hz. Peygamber ancak savaş hâlinde düşmanı yenmek, insanların arasını bulmak ve barıştırmak, yıkılmak üzere olan bir aileyi kurtarmak amacıyla yalan söylemenin caiz olabileceğini belirtmiştir. (Tirmizî, Birr, 26) Çünkü bu konularda yalan bir amaç için kullanılmaktadır. Bu amaç da hayra vesile olduğundan, sonucu itibarıyla başkalarına fayda sağlamaktadır. Bundan dolayı haram sayılmamıştır. Ancak böyle bir amaca, şayet hem doğru hem de yalan bir sözle ulaşma imkânı varsa, tabii ki o zaman yalana başvurmadan, doğru sözle meseleyi halletmek gerekmektedir. Aksi durumda hayırlı bir amaç için de olsa, doğru sözü bırakıp yalan söylemek caiz olmaz.

Bütün bunlardan sonra şunu ifade edebiliriz ki, yukarıda belirtilen amaçlar dışında söylenen yalanlar, toplum içinde her zaman hoşnutsuzluğa, güvensizliğe, tefrikaya, kötülüğe ve düşmanlığa yol açmaktadır. O hâlde hepimizin, insanlık onurunu zedeleyen ve başkalarına zarar vererek toplumda birlik ve beraberliği bozan yalan illetinden uzak durma gibi bir sorumluluk taşıdığımızın farkında olması ve bunu hayatımızın bir parçası hâline getirmesi gerekmektedir.

Bir Kıssa Bin Hisse: Anneye Doğruluk Sözü

Abdülkadir-i Geylânî hazretleri (v. 561/1166) anlatıyor: Çocukluğumda bir arefe günü evimizin damına çıkmıştım; oradan Arafat'ta duran hacıları gördüm. Annemin yanına gittim:

"Beni Hak Teâlâ'nın işine vakfet. Müsaade et de Bağdat'a gidip orada ilimle meşgul olayım, sâlih kişileri ziyaret edeyim." dedim.

Bu isteğimin sebebini sorunca ben de hâlimi anlattım. Annem ağladı ve kalkıp 80 dinar getirdi. Bu para babamdan miras kalmıştı. 40

dinarını kardeşim için ayırdı; 40'ını da koltuğumun altına, elbiseme dikti. Böylece yola çıkmama müsaade etti. Hangi durumda olursam olayım, doğruluktan ayrılmamam için benden söz aldı. Beni gönderirken: "Yürü git ey oğul! Allah Teâlâ için senden ayrılıyorum, kıyamete kadar da göremeyeceğim." dedi.

Küçük bir kafile ile Bağdat'a doğru yola çıktım. Hemedan'ı geçtiğimizde altmış atlı çıkageldi. Soygun için kafilemizi durdurdular. Hiçbiri bana ilişmedi. İçlerinden biri ansızın yanıma gelerek, "Hey çocuk, senin de bir şeylerin var mı?" diye sordu. "40 dinarım var." dedim. "Nerede?" deyince, "Koltuğumun altında elbiseme dikili." dedim.

Adam kendisiyle alay ettiğimi zannederek beni bırakıp gitti. Biri daha yanıma geldi. O da aynı şeyleri sordu. Ben de aynı cevabı verdim. Yanımdan ayrıldı. Her ikisi birlikte reislerinin yanına gittiler. Bu durumu ona anlattılar. Reis beni çağırdı. Bir örtü üzerinde kafileden alınan malları taksim ediyordu. "Yanında neyin var?" dedi. "40 dinarım var." dedim. "Nerede?" deyince de, "Koltuğumun altında elbiseme dikili." diye cevap verdim. Elbisemi yırtmalarını söyledi. Dediği gibi yaptılar ve parayı bulup çıkardılar.

Bunu gören reis, "Niye böyle itiraf ettin?" dedi. "Hangi durumda olursam olayım, doğruluktan ayrılmayacağıma anneme söz vermiştim." dedim. Adam, "Ben ise Allah'a hıyanet ediyorum." dedi. Benim elimden tövbe etti. Arkadaşları da, "Yol kesicilikte reisimiz idin, tövbede de reisimiz ol!" dediler. Hepsi gelip önümde tövbe ettiler. Kafileden aldıklarını geri verdiler. İşte benim elimde ilk tövbe edenler bunlardır.

Gıybet Etmek

Birisini, kendisinde bulunmayan bir özellikle zikretmek iftira, hoşlanmayacağı bir şeyi arkasından konuşmak ise gıybettir. Kur'ân-ı Kerîm açık biçimde *"Birbirinizin gıybetini yapmayın!"* buyururken bunu ölü kardeşin etini yemek olarak vasıflandırmaktadır. (Hucurât suresi, 49:12) Yapılan gıybet kaç kişiye ulaşmış ise kişi o kadar günaha girmiş olur. Bu tür sözler, söyleyen aleyhine en tehlikeli silahtır.

Müslümanların toplum içerisindeki itibarlarına, saygınlıklarına zarar veren sosyal bir suç olması yanında gıybet, onu yapan kişiler açısından da cesaretsizlik, korkaklık ve ahlaki zafiyet anlamına gelmektedir. Bu yüzden bütün İslam ahlakçıları gıybeti bir hastalık olarak görmüşler ve İslam toplumunda bir Müslüman'ın gıybet yapmasını da, yanında başka birinin gıybetinin yapılmasına izin vermesini doğru bulmamışlardır. Çünkü insan onuru her şeyin üstündedir ve onun incitilmesi en ağır tahribatı yaptığından insanın namus, şeref ve haysiyetine dil uzatılmaması, itibarsızlaştırılmaması gerekir. Hz. Peygamber bir kimsenin namus, şeref ve haysiyetiyle oynamayı büyük günahların en büyüklerinden saymıştır. (Ebû Dâvûd, Edeb, 35) Hz. Peygamber (s.a.v.): *"Kim şeref ve haysiyetine dokunulduğu zaman bir mümine yardım etmezse, yardıma muhtaç olduğu bir anda da Allah ona yardım etmez."* (Ebû Dâvûd, Edeb, 36) *"Bir din kardeşinin onurunu korumak için gıybete engel olan kimseyi Allah ahirette cehennem azabından korur."* (Tirmizî, Birr, 23) buyurarak Müslümanların onur ve haysiyetlerinin dokunulmaz olduğuna dikkatleri çekmek istemiştir.

İslam ahlakında gıybet esas itibarıyla insanların manevi kişiliklerine karşı yapılan bir saygısızlık olarak kabul edilip haram kılınmış olmakla birlikte, bir kimsenin aleyhinde konuşmanın, eksiklik ve yanılgılarını söylemenin gerekli olabileceği istisnai durumlar da göz ardı edilmemiştir. Bu hususları şöyle sıralamak mümkündür:

- Zulüm ve haksızlığa uğrayan bir kişinin, kendisine haksızlık edenin gıyabında onun yaptıklarını anlatması,

- Kötülük yapmakla meşhur olan birisinin kötülüğüne engel olmak için gıyabında konuşulması, - Müftüden fetva sormak için "Falan kişi şöyle yapıyor." diye bir başkasının gıyabında, onunla ilgili bir hususun dile getirilmesi,

- Bir kişinin herhangi bir göreve ehil olup olmadığının araştırılması,

Bu istisnai durumlar hariç, gıybet dinimizce yasaklanmıştır. Çünkü onun hem dünyevi hem de uhrevi zararları söz konusudur. Dünyada insan ilişkilerinin zedelenmesine, toplumsal huzur ve mutluluğun bozulmasına yol açmakta; ahirette ise yapılan güzel amellerin boşa gitmesine, özellikle kabir azabına vesile olmaktadır. Peygamber Efendimiz (s.a.v.): *"Miraca çıkarıldığımda ben bakırdan tırnaklarla yüzlerini ve göğüslerini tırmalayan bir topluluğun yanından geçtim de, 'Ey Cebrâil! Bunlar kimlerdir?' diye sordum. O da, 'Bunlar (gıybet etmek suretiyle) insanların etlerini yiyenler ve onların şeref, haysiyet ve namuslarına dil uzatanlardır.' diye cevap verdi."* (Ebû Dâvûd, Edeb, 35)

Fudayl bin İyad der ki: "Gıybetin girdiği yerden kardeşlik çıkar gider." Süfyan bin Hüseyin ise bir anısını şöyle anlatır: "Bir defasında İyas bin Muaviye'nin yanında otururken bir şahsın gıybetini yaptım. İyas bana, 'Bu sene Rum diyarına gazaya gittin mi?' diye sordu. Ben 'Hayır.' diye karşılık verdim. Şöyle dedi: 'Öyleyse Rum ve kefere senin şerrinden kurtulmuş ama Müslüman kardeşin kurtulamamış.'"

Tedavisi: Bu hastalığın tedavisi kısa ve uzun olmak üzere iki şekilde gerçekleşebilir.

Kısa yöntem: Gıybet yapmak isteyen kişi gıybet ederken Yüce Allah'ın gazabına dâhil olduğunu bilmelidir. Gıybet yaparak yapmış olduğu iyilikleri kendi eliyle yok ettiğini, bu hatayla beraber cehenneme girmeyi hak ettiğini ve Allah'tan kopmak için en büyük etkiye sahip günaha sarıldığını bilmelidir. Şöyle anlatılır: Bir kişi diğer bir kişiye "Duyduğuma göre benim gıybetimi yapıyormuşsun." deyince bu kişi cevap olarak şöyle demiş: "Yapmış olduğum iyilikleri feda edecek kadar benim için değerli değilsin."

Uzun yöntem: Bu yöntemle kişi, kendisini bu günaha iten etkenleri tanıyarak ve uygun yöntemlerle bu etkenlere karşı koymak suretiyle kendisini bu günahlardan uzak tutmalıdır. Örneğin kişiyi bu günaha iten etken öfke ise ve içindeki kin duygusu öfke anında gıybet şeklinde ortaya çıkıyorsa gazap duygusunun üzerine yoğunlaşmalı ve gazap hastalığından kurtulmalıdır. Böyle birisi insanlara öfke duyarken Yüce Allah'ın gazabından emanda olmadığını ve bu anda Onun gazabına yakalanabileceğini göz önünde bulundurmalıdır.

Son olarak gıybet konusunu şu misal ile bitirelim:

"Biri Hasan Basrî Hazretlerine gelerek, 'Filan kişi senin hakkında gıybet yaptı, seni kötüledi.' dedi. Hasan Basrî hemen o adama birtakım hediyeler göndererek, 'Lütfen bunları kabul buyursun. Sevabını bize vermiş. Gerçi bu hediyeler o sevabın karşılığı değildir ama mazur görsün.' dedi."

Kaynaklar

ACLÛNÎ, İsmail b. Muhammed, *Keşfü'l-Hafâ ve Müzîlü'l-İlbâs amme iştehara mine'l-Ehâdîsi ala elsineti'n-Nâs,* (tahk. Yusuf b. Mahmud el-Hac Ahmed), I-II, Mektebetü İlmi'l-Hadîs, Dımeşk Tarihsiz.

AHMEDOĞLU, Sefer, *Bizim Yolumuz,* Gonca Yayınevi, İstanbul 2007.

AKDOĞAN, Ali, *Kur'an ve Sünnet'ten Örneklerle Sosyal Ahlak,* Pınar Yayınları, İstanbul 2011.

AKSEKİ, A. Hamdi, *İslam Dini,* Nur Yayınları, Ankara 1993.

AKYÜZ, Yahya, *Türk Eğitim Tarihi,* Kültür Koleji Yayınları 4, İstanbul 1994.

ARPAÇUKURU, Osman, *Peygamberimizin Anlattığı Hikâyeler,* Nar Yayınları, İstanbul 2008.

ATEŞOĞLU, Yaşar, *Mevlana Dergâhından Hikâyeler,* Neden Kitap Yayıncılık, İstanbul 2012.

AYDIN, Cemal, "Batı Ahlakını Arıyor", *Altınoluk Dergisi,* Eylül 1993, Sayı: 91.

AYHAN, Halis, *Eğitime Giriş ve İslamiyet'in Eğitime Getirdiği Değerler,* Damla Yayınları, İstanbul 1986.

-----------, *Din Eğitimi ve Öğretimi,* M.İ.F.V.Y. İstanbul 1997.

BARDAKÇI, Mehmet Necmettin, "Mevlânâ Perspektifinden Gençlik Problemleri ve Çözüm Yolları", *Tasavvuf Dergisi,* Ankara 2005.

BAŞKURT, İrfan, "Gençlik, Madde Bağımlılığı ve Korunma Yolları (Psiko-Sosyal Bir Yaklaşım)", *İstanbul Üniversitesi İlahiyat Fakültesi Dergisi*, 2003, Sayı: 8.

BAYRAK, Sabahat, *İş Ahlakı ve Sosyal Sorumluluk*, Beta Yayınları, İstanbul 2001.

BAYRAKTAR, M. Faruk, "Ailenin Eğitim Görevi", *Din Eğitimi Araştırmaları Dergisi*, 1995, Sayı: 2.

----------, İslam Eğitiminde Öğretmen / Öğrenci Münasebetleri, 2. Baskı, M.Ü.İ.F.V. Yayınları, İstanbul 1984.

BİLGEN, Mustafa, *Yüksek İslam Ahlakı,* Milli Gazete Yayınları, İstanbul 2006.

BİLGİN, Beyza, "Okul Öncesi Çağı Çocuğunda Dini Kavramlar" *MEGSB. Din Öğretimi Dergisi*, Ankara 1986.

----------, *İslam ve Çocuk*, Ankara: Diyanet İşleri Başkanlığı Yayınları, 1991.

BİLGİN, Beyza; Selçuk, Mualla, *Din Öğretimi,* Gün Yayıncılık, Ankara 2000.

BİLGİZ, Musa, "Kişiliğin Oluşumunda Fıtrat Ve Sosyal Çevrenin Etkisi (İsra, 17/84. Ayeti Ekseninde)"*Atatürk Üniversitesiİlâhiyat Fakültesi Dergisi*, 2006, Sayı: 25.

BAŞBUĞ, Aydın, *İş ve Maneviyat Çalışma Ahlakı Üzerine Bir İnceleme,* Binyıl Yayınevi, Ankara 2012.

KÖSE, Saffet, "Sosyal Medya'da Ahlaki İlkeler" 3-4 Kasım tarihli IGMG Din İstişare Kurulu Toplantısı, Köln 2014.

BÜYÜKKANAT, Sami, "Gönlü İbadet İle Yoğurmak", *Altınoluk Dergisi,* Aralık 2009, Sayı: 286.

CEBECİ, Suat, Din Eğitimi Bilimi ve Türkiye'de Din Eğitimi, Akçağ Yayınları, Ankara 1996.

CEBECİ, Suat, Dini Danışma ve Rehberlik, Diyanet İşleri Başkanlığı Yayınları, Ankara 2011.

CİRİT, Hasan, "Hz. Peygamber ve Gençlik", *Bakü Devlet Üniversitesi İlahiyat Fakültesi İlmi Mecmuası*, Nisan 2008.

CRESSON, Andre, *Filozofluk Sistemler*, Yeni Zaman Yayınları, İstanbul 2004.

ÇAKAN, İsmail Lütfi, "Güzel Ahlak Olgun İman Demektir", Altınoluk Dergisi, Ocak 2014, Sayı: 335.

----------, "Müslümanı Hor Görme Küçüklüğü", *Altınoluk Dergisi*, Nisan 1987, Sayı: 14.

ÇAMLICA, Sait, *Gençlik Hazinesi*, Okuyorum Yayınları, İstanbul 2012.

DEMİR, Fahri, *İslam Ahlakı,* Diyanet İşleri Başkanlığı Yayınları, Ankara 1996.

DERLEME, *Allah Dostlarından Kıssalar,* Enes Sarmaşık Ltd., İstanbul Tarihsiz.

DEVELLİOĞLU, Ferit, *Osmanlıca-Türkçe Ansiklopedik Lügat,* Aydın Kitabevi, Ankara 1970.

DODURGALI, Abdurrahman, *Eğitim Sosyolojisi, MÜİFV. Yayınları,* İstanbul 1995.

GAZZÂLÎ, Ebû Hâmid Muhammed, *İhyâ'u Ulûmi'd-Dîn*, Bedir Yayınları, İstanbul 2013.

----------, *Oğlum'a,* Sinan Yayınevi, İstanbul 1996.

ERİŞ, Mustafa, "Habbab b. Eret (r.a.)", *Altınoluk Dergisi,* Haziran 1993, Sayı 88.

ERSOY, Mehmet Akif, *Safahat,* (Haz. Ertuğrul Düzdağ), Çağrı Yayınları, İstanbul 2005.

GÖRMEZ, Mehmet, *Kalbin Erbaini,* Otto Yayınları, Ankara 2014.

GÜÇ, Ahmet, "Satanizm Misyonerliği ve Kimliğini Arayan Gençliğimiz", *Sakarya Üniversitesi İlahiyat Fakültesi Dergisi,* 2003, Sayı: 7.

GÜNDOĞDU, Bayram (Derleyen), *Hikâyeler,* Bakü: QafQaz Üniversitesi Dil Öğretim Koordinatörlüğü Türkçe Zümre Başkanlığı Yayınları, 2006.

GÜNDÜZ, Turgay, *İslam, Gençlik ve Din Eğitimi*, Düşünce Yayınları, İstanbul 2003.

GÜNGÖR, Erol, *Değerler Psikolojisi Üzerinde Araştırmalar,* Ötüken Yayınları, İstanbul 1998.

HÖKELEKLİ, Hayati, "Çocuk›ta Ahlak Gelişimi ve Eğitimi", *İSAV, Çocuk Gelişimi ve Eğitimi, Tartışmalı İlmi Toplantı,* Ensar Neşriyat, İstanbul 1998.

HUME, David, (Çev. Nil Şimşek), *Ahlak,* Dergâh Yayınları, İstanbul 2010.

IŞIK, Emin, "Ahlak ve Toplum" *Altınoluk Dergisi,* Kasım 1997, Sayı: 141.

İBN MİSKEVEYH, (Çev. A. Şener ve dğr.), *Ahlakı Olgunlaştırma,* Kültür ve Turizm Bakanlığı Yayınları, Ankara 1983.

İBN MANZÛR, Ebü'l-Fadl Muhammed b. Mükerrem b. Ali el-Ensari, *Lisânu'l-Arab,* Darü'l-Kütübi'l-İlmiyye, Beyrut 2009.

İSFEHANÎ, Rıza, (Çev. Hasan Almaz), *Herkes İçin Gerekli Ahlaki Kurallar,* Ağaç Kitabevi Yayınları, İstanbul 2006.

KAPLAN, Fikret, *Ayet ve Hadislerden Öyküler,* Timaş Yayınları, İstanbul 2005.

KARAGÖZ, İsmail, *Din ve Vicdan Özgürlüğü,* Diyanet İşleri Başkanlığı Yayınları, Ankara 2007.

KAYA, Murat, *Efendimiz'den Hayat Ölçüleri,* Erkam Yayınları, İstanbul 2007.

KINALIZÂDE ALİ EFENDİ, (Haz. Hüseyin Algül), *Ahlak-ı Alâî (Ahlak İlmi),* Tercüman 1001 Temel Eser 30, Kervan Kitapçılık, İstanbul Tarihsiz.

KONUK, Yurdagül, *Okul Öncesi Çocuklarda Dinî Duygunun Gelişimi ve Eğitimi,* Türkiye Diyanet Vakfı Yayınları, Ankara 1994.

KULAKSIZOĞLU, Adnan, "Gençlik Çağı ve Ülkemizde Gençlik Sorunları", *M.Ü. Atatürk Eğitim Fakültesi Eğitim Bilimleri Dergisi,* 1990, Sayı: 2.

KOMİSYON, Kur'an ve Toplumsal Ahlak Sempozyumu, Kurav Yayınları 10, Bursa 2011.

KURTUBÎ, *el-Câmi' Li Ahkâmi'l-Kur'an,* Daru'l-Kitabi'l-Arabi, Beyrut 1967.

KUTLUER, İlhan, "Müslüman Ahlak ile Mukavelesini Yenilemeli" *Altınoluk Dergisi,* Ağustos 2002, Sayı: 198.

MACİT, Harun, *Kur'an ve Sünnet Işığında Davet ve Davetçi,* Ravza Yayınları, İstanbul 2003.

TOPTAŞ, Mahmut *Kur'ân-ı Kerim Şifa Tefsiri,* Cantaş Yayınları, İstanbul 1998.

MONTAGU, Ashley, *Çocuklarınıza Ahlaki Değerleri Nasıl Kazandırabilirsiniz?*, (Çev. Remzi Öncül), Milli Eğitim Bakanlığı Yayınları, İstanbul 2000.

ÖCAL, Mustafa, "Ailede Çocukların Dinî ve Ahlaki Eğitimlerinde Karşılaşılan Problemlerin Başlıca Sebepleri ve Çözüm İçin Bazı Teklifler", *Din Eğitimi Araştırmaları Dergisi,* 1996, Sayı: 3.

-----------, *Din Eğitimi ve Öğretiminde Metodlar,* T.D.V., Türkiye Diyanet Vakfı Yayınları, Ankara 1991.

-----------, *Genç Din Eğitimcisine Mektuplar,* Düşünce Kitabevi, İstanbul 2005.

ÖZBEK, Abdullah, *Bir Eğitimci Olarak Hz. Muhammed,* Selam Yayınevi, Konya 1988.

ÖZCAN, Yusuf Yavuz, *Tarih Çeşmesinden Binbir Damla,* Hâcegân Yayınları, İstanbul 2012.

ÖZDEMİR, Şuayip, "Alkol ve Uyuşturucunun Zararları ve Gençliğin Alkol ve Uyuşturucudan Korunmasında Alınması Gerekli Önlemler", Diyanet İlmi Dergi, Ekim-Kasım-Aralık 2004, Sayı: 40.

KULA, Necati, "Kur'an ve Sünnet'te Belâ-Musibet", *EKEV,* Kasım 1998.

ÖZKAN, Mehmet, *İki Cihan Saadeti İçin Erdemli Yaşama Çağrı,* Çanakkale: İlim Yayma Cemiyeti Çanakkale Şubesi Kitaplığı – 1, 2016.

ÖZTÜRK, Hüseyin, *Kınalızâde Ali Çelebi'de Aile,* Başbakanlık Aile Araştırma Kurumu, Ankara 1991.

PEKER, Hüseyin, "Çocukları Ve Gençleri Suça İten Faktörler", Diyanet İlmi Dergisi, Nisan-Mayıs-Haziran 1991.

RUSSELL, Bertrand, *Mutluluk Yolu,* (Çev. Nurettin Özyürek), Varlık Yayınları, İstanbul 2003.

SAĞLAM, İsmail, *İslam ve Batı Eğitiminde Okulöncesi Eğitimi (Hedefler, Etkinlikler)*, Rehber Ajans, 2001.

SAMİ, Şemsettin, *Kâmûs-i Türkî*, Sahaflar Kitap Sarayı, İstanbul 2014.

SEÇKİNOĞLU, Süheyl, *Namaz Öyküleri,* Timaş Yayınları, İstanbul 2012.

SUAVİ, Cüneyd, *40 Hikaye,* Edirne Valiliği Yayınları, Edirne 2003.

ŞANVER, Mehmet, "Dini Tebliğ Ve Egitim Açısından Kur'an'da İnsan Psikolojisi ve Özellikleri" *Uludağ Üniversitesi İlahiyat Fakültesi Dergisi,* 2001, Sayı: 1.

ŞİMŞEK, Osman, *Yeni Ahlak Toplumu İnşâsı,* Gazi Kitabevi, Ankara 2013.

ŞUBBER, Allame S. Abdullah, *Ahlak,* (Çev. Ebuzer Turan), el-Mustasfa Yayınları, İstanbul 2014.

TAHRALI, Mustafa, "Nefs Engelini Aşma Yolunda...(2)", *Altınoluk Dergisi,* Ağustos 1988, Sayı: 30.

TANYOL, Cahit, *Sosyal Ahlak Lâik Ahlaka Giriş I,* İstanbul Üniversitesi Edebiyat Fakültesi Yayınları, İstanbul 1960.

TAŞGETİREN, Ahmet, "Evlerimizde Kur'an İklimi", *Altınoluk Dergisi,* Haziran 2007, Sayı: 256.

TAVUKÇUOĞLU, Mustafa, *Lokman Süresi Işığında İnsanın Eğitimi*, Konya 1989.

TEMEL, Ali Rıza, "Haya Hayattır", *Altınoluk Dergisi*, Ekim 2007, Sayı: 260.

TOPBAŞ, Osman Nûri, "Cömertlik ve İnfak", *Altınoluk Dergisi*, Nisan 2008, Sayı: 266.

----------, "Hak Dostlarından Hikmetler İmâm-ı Rabbânî (r.aleyh) -4-", *Altınoluk Dergisi*, Eylül 2013, Sayı: 331.

----------, "Hak Dostlarının Örnek Ahlakından –3- Câhil ve Nâdanlara Sabır ve Tahammül", *Altınoluk Dergisi*, Ocak 2008, Sayı: 263.

----------, "Hak Dostlarının Örnek Ahlakından -8- İnfakta İhlas", *Altınoluk Dergisi*, Haziran 2008, Sayı: 268.

----------, *Hz. Muhammed Mustafâ (s.a.v.) 2*, Erkam Yayınları, İstanbul 2015.

----------, *Îmândan İhsâna Tasavvuf*, Erkam Yayınları, İstanbul: 2014.

TOPÇU, Nurettin, *Ahlak Nizâmı*, İstanbul: Dergâh Yayınları, 2008.

----------, *Ahlak*, Dergâh Yayınları, İstanbul 2012.

----------, *İsyan Ahlakı*, Dergâh Yayınları, İstanbul 2013.

TUNÇ, Betül, "Anne Kavramından Hareketle Anne Çocuk İlişkisi", *Din Eğitimi Araştırmaları Dergisi*, 1998, Sayı: 5.

UYSAL, Enver, "İnsanlara Karşı Görevler", *İslam'a Giriş Gençliğin İslam Bilgisi*, Diyanet İşleri Başkanlığı Yayınları, İstanbul 2007.

VAROL, Hüseyin, "Gençlik, Sevgi, Terbiye ve Olgun İnsan", *Atatürk Üniversitesi İlâhiyat Fakültesi Dergisi,* 1986, Sayı: 7.

YAĞMUR, Sinan, *Mesnevi'den Hikmetler,* Destek Yayınevi, İstanbul 2012.

YAHYA İbn Adî, (Çev. Harun Kuşlu), *Tehzîbü'l-Ahlak,* Türkiye Yazma Eserler Kurumu Başkanlığı Yayınları, İstanbul 2013.

YARAN, Cafer Sadık, *Ahlak ve Etik,* Rağbet Yayınları, İstanbul 2010.

YEKEN, Fethi, İslam Gençliği, Ravza Yayınları, İstanbul 1999.

YILDIRIM, Enbiya, "İmanın Eylem Talebi", *Altınoluk Dergisi,* Aralık 2009, Sayı: 286.

YILDIZ, Fahrettin, "İnsanın Manevi Yönü", *Altınoluk Dergisi,* Temmuz 2000, Sayı: 173.

YILDIZ, Nureddin, "Ahlak Mü'minin Dinidir", *Altınoluk Dergisi,* Ocak 2014, Sayı: 335.

YILMAZ, Hasan Kamil, "Diğergâmlık Terbiyesi" *Altınoluk Dergisi,* Eylül 2001, Sayı: 187.

----------, "Manevi İhtiyaçlar ve Yönelişler", *Altınoluk Dergisi,* Ağustos 2000, Sayı: 174.